Anna Dell'Anna

Expedition Freiheit

AF288494

Anna Dell'Anna

Expedition Freiheit

Unsere Auswanderung in die schwedischen Wälder

Mit Illustrationen
von Andreas Wotsch

Die Deutsche Nationalbibliothek verzeichnet diese Publikation in der Deutschen Nationalbibliografie; detaillierte bibliografische Daten sind im Internet über http://dnb.dnb.de abrufbar. Die automatisierte Analyse des Werkes, um daraus Informationen, insbesondere über Muster, Trends und Korrelationen gemäß § 44b UrhG („Text und Data Mining"), zu gewinnen, ist untersagt.

2. Auflage 2024
Verlag: BoD . Books on Demand GmbH, In de Tarpen 42, 22848 Norderstedt
Druck: Libri Plureos GmbH, Friedensallee 273, 22763 Hamburg

ISBN: 978-3-7597-6916-9

www.birthsite.net/
www.instagram.com/heb_anda/
www.instagram.com/birthsite_barnmorska

EMail hebammeannadellanna@gmail.com

Für meine Kinder
Für Dich, Du freiheitsliebendes Herz

*"Mut zur Veränderung
führt zu innerem Wachstum.“*

Prolog

Für all jene, die den Mut finden, ihre Träume zu visualisieren, Ziele zu setzen und den Weg der Veränderung zu beschreiten.

Dieses Buch ist den Freiheitspionieren gewidmet – den Suchenden, den Visionären und denjenigen, die dem Frieden nachjagen. Möge euch „Expedition Freiheit" inspirieren, ermutigen und daran erinnern, dass die Belohnungen der Freiheit oft jenen zuteilwerden, die den Weg des Einsatzes und der Veränderung mit Herz und Hoffnung beschreiten. Für all jene, die das Echte lieben.

Es war eine Zeit, geprägt von Unsicherheit und einem Wandel, den keiner kommen sah. Ein Land, das bereits geschwächt war, fand sich plötzlich in den Fängen von Regularien wieder: Covid-19 legte seine Hand auf Deutschland. Die Straßen waren still, die Menschen trugen Masken, wie ein stummer Ausdruck ihrer Sorgen. Während sich die Welt mit dieser neuen Realität abmühte, spaltete sich die Gesellschaft in Lager, getrieben von Hass und Argwohn unter dem Deckmantel der Solidarität.

Die Masken wurden nicht nur auf Gesichter gelegt, sondern auch auf Ansichten. Der Impfdrang legte sich wie ein Schatten über das geschwächte Land und die Einigkeit, die bereits verblasst war, zersplitterte weiter. In dieser Zeit der Veränderung, der Spaltung und des Drucks, wuchs eine Sehnsucht nach Freiheit – nach einem Leben, welches nicht von Vorschriften und Ängsten erstickt würde. Und so begann die Expedition Freiheit.

Auf den folgenden Seiten teile ich nicht nur unsere Reise von Deutschland nach Schweden mit, sondern auch die Höhen und Tiefen, die uns dazu trieben. Hier findest du Tipps zum Auswandern, sowie Erfahrungen des Lebens in einer Wohngemeinschaft, die sich zu einer Familie formte, während sich draußen die Welt in Unruhe befand.

Ich berichte von einem Leben im rauen Norden und von der Freude, die in der Einfachheit des Lebens und in der Natur zu finden ist. Ich erzähle von unserer Ankunft im Wald, wie ich mir meinen Kindheitstraum „Pferde am Haus" erfüllte und die ersten eigenen Hühner unseren Hof bereicherten.

Doch dieses Buch ist nicht nur eine Beschreibung idyllischer Momente. Es zeigt Herausforderungen, die das Leben im Wald mit sich bringt, den Balanceakt zwischen dem Einklang mit der Natur und den ständig wechselnden Bedingungen, die uns aus der Komfortzone holen. Es gab Existenzängste, die in uns eindrangen, Jobsuche, Unfälle und besonders — eine Suche nach dem wahren Selbst.

Es ist das Leben der Freiheit, welches uns herausforderte, uns **forderte** . Ein Leben, das nicht einfach war, nicht einfach ist, aber welches uns innere Ruhe schenkt. Das Gefühl, endlich angekommen zu sein, trotz der immer wiederkehrenden Ängste und Sorgen, die uns wohl schon in die Babywiege gelegt wurden.

Komm' mit auf die Expedition Freiheit und entdecke, wie das Leben, welches nach Einsatz verlangt, die wahren Schätze der Freiheit birgt. Erfahre, wie Träume und Visionen durch Visualisierung, Zielsetzung und Durchführung zur Wirklichkeit werden. Entdecke, wie der Mut zur Veränderung honoriert wird — mit Freiheit, innerem Frieden und Selbstbestimmungsrecht.

Die Expeditions - Protagonisten

Noam, 2012 geboren, ist ein abenteuerlustiger und neugieriger Junge. Mit seiner Liebe für Entdeckungen hat er sich von Anfang an für die bevorstehende Reise in die schwedischen Wälder begeistert. Noam liebt es, neue Dinge zu lernen und neue Gegenden zu erkunden, was ihn perfekt für unser großes Abenteuer vorbereitet hat.

Violetta, mit den Kosenamen Vio oder Letti, ist unsere Jüngste, zum Zeitpunkt der Auswanderung gerade mal 10 Monate alt. Mit ihrem fröhlichen Lächeln und ihrem entschlossenen Wesen bringt sie jede Menge Tatendrang in unser Leben.

Christian, auch Chri genannt, ist mein Mann und unser Fels in der Brandung. Er ist ein sehr anpassungsfähiger Mensch, dessen Durchhaltevermögen und Entschlossenheit uns durch die herausfordernden Zeiten begleiten. Seine Unterstützung und sein handwerkliches Geschick sind unschätzbar für unsere bevorstehenden Projekte.

Und ich bin **Anna.** Als Mutter und Ehefrau fühle ich die Verantwortung für unsere kleine Familie, während ich gleichzeitig die Träume und Ziele von uns visualisiere.

Unser Entschluss, diesen radikalen Schritt zu wagen, ist getrieben von dem Wunsch, ein freies Leben für unsere Familie zu gewinnen. Gemeinsam bilden wir ein Team, das bereit ist, sich den Herausforderungen eines Neuanfangs zu stellen und die Freiheit zu suchen.

1

Gedankenkarussell

Good bye Tyskland[1]

Tagebucheintrag vom 05.07.2021

02:17 Uhr an unserem zweiten standesamtlichen Hochzeitstag.

Ich liege hellwach am Boden auf dem Matratzen - Topper. Jener, auf dem ich letztes Jahr Violetta gebar.

Chri's Atem ist rhythmisch bei normaler Lautstärke, die Kinderzimmer - Uhr tickt. Wenn ich ganz kräftig lausche, höre ich auch Violetta's leises Atmen.

Ich kann nicht schlafen, schließlich begleitete ich Vio von 20:00 Uhr bis 23:30 Uhr ins Einschlaf - Stillen. Ich war ausgeschlafen.

Und außerdem hatten wir gebucht.

Um 0:14 Uhr am 05.07.2021 steht fest:

Die Finnlines - Fähre bringt uns nach Schweden, kommenden Freitag. Quasi gleich. Also noch genau vier Tage, bis wir im Auto Richtung Norden sitzen würden.

Mir rasen all die wilden Gedanken durch den Kopf, die mich die letzten eineinhalb Jahre begleiteten. Seit März 2020 war nichts mehr wie zuvor. Ich fühle mich wie in einem Karussell, mir wird schnell schlecht und die Bilder fliegen an mir vorbei.

---

[1] Tyskland ist Schwedisch und bedeutet Deutschland

Corona. Pandemie. Schwangerschaft. Home Office. Home Schooling. Home Birth. Home Searching. Home Lost.

Inbrünstig hoffe ich auf mein zuverlässiges Gedächtnis, damit ich all die letzten Lebenserfahrungen möglichst wahrheitsgetreu wiedergeben kann. Die Erfahrungen einer Zeit des spürbaren Umbruchs.

Eines ist sicher und ich möchte es an dieser Stelle mit aller Deutlichkeit erwähnen, egal was die nächsten 300 Seiten erzählen:

Ich liebe meine Kinder. Ich liebe meinen Mann. Ich liebe meine Familie. Sie sind das Wertvollste in meinem Leben!

Die Liebe erträgt alles.
Sie wird uns hindurch tragen, koste es, was es wolle.

Wieder zurück auf dem Geburtstopper.

Das Zimmer ist leer. Die Wohnung kahl. Nur noch wenige Dinge stehen unten im Wohnzimmer, die meine Mutter die kommenden Tage abholen wird, sodass die endgültige Schlüsselübergabe erfolgen kann. Wir haben in den letzten 24 Stunden jede Minute mit dem Ausräumen der Wohnung und dem Packen der Autos verbracht.

Heute war es noch einmal sehr emotional. Viele Freunde kamen vorbei, um uns zu verabschieden. Zwischen Kisten und Taschen, aufgewirbelten Erinnerungen und Wollmäusen flossen Tränen der Trauer. Wir wussten nicht, wann wir sie wiedersehen würden.

Irgendwie hallte auch so ein gewisses „ob", wir sie überhaupt wiedersehen würden, mit. Aber das versuchte ich zu verdrängen. Man muss es ja nicht schwärzer sehen als es vielleicht war.

Kontrollen

Ich weiß nicht, warum das so ist, aber Polizeikontrollen machen mich supernervös. In meinem ganzen Leben hatte ich selten irgendeine Konsequenz bei Kontrollen zu befürchten. Ich bin eher eines der „braven Mädchen" gewesen.

Doch Kontrolle löst ein Gefühl von Unsicherheit in mir aus. Ich bin überzeugt, dass dies über Generationen infiltrierte Angst sein könnte. Angst, erwischt zu werden. Selbst, wenn man nichts „verbrochen" hat. Oder wie empfindest Du das?

Unsere Reiseroute führte uns über die A2 und A7, also unsere Heimatautobahnen, Richtung Fähre. Es ging von Travemünde nach Malmö.

Die erste Kontrolle fand am Ticketschalter statt. Zu der Zeit war ein Nachweis eines negativen Covid-19 Tests verpflichtend. Es war der erste und letzte Test, den wir bisher vorzeigen mussten. Wir haben über die gesamte Corona-Zeit etwaige Veranstaltungen, die Tests voraussetzten, boykottiert.

Zur Ausreise blieb uns nichts anderes übrig, als ein solches Exemplar auszustellen. Die Dame am Schalter schaute streng, klassischer Kontrolleur-Style eben. Sie hinterfragte nicht weiter, die Schranke öffnete sich. Puh. Durchatmen.

Bei der Überseefahrt war es für uns als Reisende mit Hund Pflicht, eine Schlafkabine zu buchen. Da die Strecke um die 9 Stunden dauern sollte, passte uns das trotz Tagfahrt sehr gut. So konnten wir uns abwechselnd ausruhen.

Am Abend fuhren wir von der Fähre in die Arme des Zolls. Der Fiat, in dem die Kids und ich fuhren, wurde durchgewunken. Aber Chri wurde mit dem Bulli rausgezogen. Pass und Fahrzeugpapiere wurden eingefordert und insbesondere interessierte die Zollbeamtin sich für den Hundeausweis. Wir hatten Buddy extra für die Ausreise gegen Tollwut impfen lassen. Diese Impfung ist bei Einreise in alle EU-Länder verpflichtend. Außerdem hatten wir ihn beim Zoll vorab angemeldet, welches ebenfalls von einigen Ländern vorgeschrieben wird. Also gab es diesbezüglich nichts zu befürchten. Auch lagen all diese wichtigen Dokumente im Bulli, so hatte ich es vorher organisiert.

Vor lauter Schlafmangel und Situationsnervosität fand Chri den Pass nicht. Er musste aussteigen, kramte in den Seitenfächern und öffnete die Schiebetür, um dort weiterzusuchen. Der Bulli war bis an die Oberkante - Unterlippe voll bepackt. Es wäre ein schier fürchterliches Szenario diesen auspacken und wieder einpacken zu müssen. So erklärte er ihr nebenbei, dass wir die nötige Impfung extra durchgeführt hätten und die Unterlagen vielleicht bei mir im Auto, einige Fahrzeuge hinter ihm, sein könnten. Als die Dame vom schwedischen Zoll sah, wie randvoll der Bulli gepackt war und wie lang die Schlange hinter ihnen wurde, ließ sie Gnade walten und Chri durfte ohne den Ausweis vorzuzeigen, weiterfahren.

Fazit: Wir hätten Buddy praktisch gar nicht impfen lassen müssen. Aber das Risiko würde ich nicht empfehlen einzugehen. Denn kontrolliert haben sie uns, wenn auch nicht gründlich.

Als wir uns wenig später am Straßenrand vom Hafen wiederfanden, klopften unsere Herzen vor Aufregung. Die Luft roch nach Abgasen und Meersalz. Wir waren auf schwedischem Boden. Die erste Etappe war geschafft. Die Expedition Freiheit konnte beginnen.

Throwback • Reisegefühle

„Wir müssen Sicherheit ausstrahlen.
Und wenn wir selbst keine haben, Zuversicht."

Wir sind von der Fähre runtergefahren, durch den Zoll gekommen und haben mit einem Regentanz auf schwedischem Boden gefeiert. Nach diesem kurzen Adrenalin-Kick und Navi-Update setzten wir unsere Reise fort. Relativ schnell kamen Gefühle der Trauer zurück. Violetta wurde zunehmend unruhig und wir mussten erneut halten.

Südschweden. Wenige Kilometer von Malmö entfernt, das Wetter grau, die Gegend trist. Keine Hügel, aber weite Felder und Regenwolken. Unsere Tränen waren kaum zu sehen, waren unsere Gesichter doch schon nass vom Himmel.

Auf dem Arm beruhigte Vio sich etwas. Ich fühlte mich beklommen. Chri umarmte uns. Ich sah in seine roten, geschwollenen Augen. Er flüsterte mir zu: „Wir müssen Sicherheit ausstrahlen. Und wenn wir selbst keine haben, Zuversicht."

Noam saß noch im Auto, wartete auf die Weiterfahrt. Was hatten wir uns dabei gedacht? Nun standen wir mit zwei Fahrzeugen voll bepackt, all unserem Hab & Gut, den Kindern und einem treuen Vierbeiner in einem fremden Land. Ohne Sprachkenntnisse. Ohne überhaupt irgendeinen richtigen Plan.

Vio durfte noch etwas auf dem Fahrersitz spielen und Buddy am Feldrand stöbern, bis wir unsere Reise fortsetzten. Schweren Herzens. Übermüdet. Unruhig, was uns in der neuen Umgebung erwarten würde.

Ein 5000 Seelen Dorf

Die Fahrt durch die Nacht war schlichtweg krass. Wir waren so oft sehr müde. Die Straßen langweilig und leer, das Wetter regnerisch. Immer wieder, wenn ich das Gefühl hatte, den vom Regen verschwommenen Rücklichtern des Bullis nicht mehr folgen zu können, rief ich Chri an und wir hielten uns am Telefon gegenseitig wach. Manchmal half es, das Fenster zu öffnen, laute Musik zu hören oder Snacks zu essen. Schätzungsweise habe ich während der rund 8 Stunden Fahrzeit mehr als 2500 kcal Schokolade verdrückt. Doch manchmal nützte alles nichts und wir mussten halten und schlafen. Powernaps auf Rastplätzen. Klingt gruselig, war es aber nicht. Ich war zu erschöpft, um mir Sorgen zu machen.

Da wir durch die Nacht fuhren, schliefen die Kinder die meiste Zeit. Ab und an wurde Vio wach und wollte trinken. So musste ich öfters halten, rutschte zwischen den Vordersitzen nach hinten und beugte mich über sie, um zu stillen. Sie war erst 10 Monate alt. Das lange Sitzen im Autositz störte sie ziemlich. Auch, weil sie es gewohnt war zum Pipi machen abgehalten[2] zu werden. Also meldete sie sich natürlich auch, wenn sie mal musste. Die Fahrt zog sich wie ein Kaugummi. Wir wollten schneller sein, waren es aber nicht. Rückblickend verstehe ich nicht, warum wir es nicht ruhiger haben angehen lassen. Doch irgendetwas trieb uns unentwegt voran. Wir waren innerlich unruhig und sehnten uns nach Ankunft.

Ungefähr 30 Kilometer vor dem Ziel mussten wir erneut halten. Die Augen waren so schwer, doch wir freuten uns über das erste

---

[2] "Abhalten" in der Elimination Communication (EC) bezieht sich darauf, dass Eltern frühzeitig die Bedürfnisse ihres Babys erkennen und es zur Ausscheidung halten, anstatt eine Windel zu verwenden.

Straßenschild mit „Kopparberg". Der Ort, in dem ein Mietshaus auf uns wartete. Es war gegen 5:30 Uhr am Morgen, die Sicht nebelig und Nieselregen tropfte auf unsere Gesichter. Links von uns lag ein großer See. Wir konnten es kaum glauben, gleich hatten wir es geschafft. Ich fror, doch die frische Luft weckte meinen müden Körper etwas auf. Es mussten um die 15 Grad gewesen sein. Dann ging es weiter. Auf den letzten Metern zum Haus kamen wir an einem kleinen Pferdehof vorbei. Ich freute mich, die Ponys auf den Wiesen grasen zu sehen. Schon witzig, dass zwei Monate später meine eigenen Pferde dort wohnten. Alles fügte sich und alles hatte einen Anfang. Ich kann mich noch immer sehr gut an diesen Blick auf den Hof und die Pferde erinnern.

6:00 Uhr — Wir waren endlich angekommen.
Vor uns stand ein sehr großes, gelbliches Steinhaus. Gleich daneben ein Doppelhaus, ebenso groß mit ähnlich hässlicher Fassade. Also nichts mit typisch Schwedenhaus-Style. Aber das war weniger schlimm, denn wir wussten bereits von Bildern, wie das Haus aussehen würde. Es gab eine andere Problematik:
Wir hatten keinen Schlüssel. Es war vereinbart, dass der Schlüssel hinterlegt werden würde, doch wir fanden keinen. Am Ziel zu sein, aber nicht reinzukommen… Nach einer 28 stündigen Reise, komplett übermüdet und dem starken Drang ein großes Geschäft verrichten zu müssen… Yes, das war meine Situation.
Wie gern ich mich auch einfach in ein Bett gelegt hätte, nach dem Toilettengang, versteht sich. Mir tat alles weh. Es nützte nichts, wir mussten nach einem stillen Örtchen für mich suchen. Die Vermieterin ließ mit einer Antwort auf sich warten. So fuhren wir umher und hielten am Ende einer Wohnsiedlung an einem Weg in den Wald. Dort fand ich Erleichterung.

Witzige Sidenote: Obwohl es bei unserem Mietshaus um die Ecke gewesen sein muss und das Dorf wirklich superklein ist, konnte ich diese Stelle nie wiederfinden. Bis heute, obwohl ich die Gegend dort inzwischen wie meine Westentasche kenne, fehlt mir jegliche Erinnerung an den Platz meines „ersten Geschäfts" in Schweden. Verrückt, oder? Ich habe grundsätzlich ein super fotografisches Gedächtnis, brauche selten ein Navi, wenn ich eine Strecke nur einmal vorher gefahren bin. Doch vermutlich war ich komplett erschöpft und zu keiner Abspeicherung einer imaginären Orientierungskarte fähig.

Während wir auf eine Antwort von der Vermieterin warteten, erkundeten wir das Dorf. Es schien der Hund verfroren zu sein, niemand war auf den Straßen. Ein kleiner Kiosk hatte geschlossen, der Supermarkt öffnete um 7:00 Uhr. So fuhren wir noch ein wenig umher, um danach ein Frühstück einzukaufen. Ich hoffte auf gute Backwaren, doch dem war nicht so. Ziemlich schnell mussten wir lernen, dass jedes Land seine eigenen Spielregeln in Sachen qualitative Lebensmittel hat. Die wenigen Menschen, die wir trafen, waren sehr ruhig. Alles war sehr leise, das Dorf hatte ein tristes Flair. An mehr erste Eindrücke kann ich mich nicht erinnern.

Aufgrund einer glücklichen Fügung hatte ich in Deutschland bereits Kontakt zu einer deutschen Familie bekommen, die auch nach Kopparberg gezogen war. Während der Reise schrieb ich mit ihnen und wir bekamen das Angebot, ab 9:00 Uhr zu ihnen kommen zu können, bis der Schlüssel hinterlegt wurde. Wir könnten in ihrem Wohnwagen schlafen und die Kinder spielen. Uns blieben nur wenige andere Optionen und der Drang nach einem Erholungsschlaf vereinfachte uns die Entscheidung. Dankend nahmen wir das Angebot an und machten uns auf den Weg. Sie lebten etwas außerhalb der Stadt, oder um ehrlich zu sein: Sie lebten tief im Wald.

Anfangs konnten wir nicht glauben, auf der richtigen Route zu sein, denn es war eine kilometerlange Schotterstraße durch das Nirgendwo. Christian echauffierte sich über die Steine, die an die Autos sprangen und ermahnte mich, langsamer zu fahren. Die Nerven lagen blank.

Noam war der Überzeugung einen Bären gesehen zu haben, welcher in Wirklichkeit eine riesige Baumwurzel war. Doch seine Wahrnehmung wollte nicht weichen und so sollte „die erste Bärensichtung in Schweden" zum Running Gag werden.

Es war aufregend, keine Frage. Doch ich muss wirklich betonen, dass es vor allem eins war: kräftezehrend. Gefühlt hatte ich keine Energie, um auch nur noch einen Meter zu fahren. Ivo, der Familienvater, kam uns mit seinem Bulli entgegen, so mussten wir nicht länger umherirren, wenngleich wir auf der richtigen Straße waren. Es fühlte sich so viel besser an, hinterherfahren zu können. Die gesamte Strecke von unserem Mietshaus bis zum Ziel im Wald dauerte ungefähr 25 Minuten, fühlte sich aber wie eine Stunde an.

Auf dem Hof unserer zukünftigen Freunde angekommen, konnten wir uns endlich ausruhen. Ich erinnere mich noch sehr gut an das Gefühl, als wir aus dem Auto stiegen: Cathy empfang uns mit offenen Armen und ihre Kinder rannten uns entgegen — ein wirklich herzliches Willkommen. An dieser Stelle nochmal ein großes Dankeschön an Cathy & Ivo für ihre Unterstützung. Diese erste Begegnung in einem fremden Land hat uns ein Gefühl von Zuversicht gegeben.

Es war schwül - warm und überall Kriebelmücken. Wir konnten etwas schlafen, doch weckte mich nach kurzer Zeit die stickige Luft im Wohnwagen. Die Mittagssonne knallte durch die Scheiben, ich hatte Kopfschmerzen. Wir erhielten endlich eine Nachricht, dass der Schlüssel nun hinterlegt wurde, mit einem genauen Bild dazu. Cathy lud uns noch zum Mittagessen ein und dann ging es endlich in unser neues Zuhause.

Das Haus übertraf all unsere Erwartungen. Wir hatten Bilder von den Räumen gesehen und wurden nicht enttäuscht. Es schien, dass es länger nicht bewohnt worden war, denn es musste noch etwas nachgeputzt werden. Aber die Größe des Hauses und die Einrichtung der Möbel bot uns viele Möglichkeiten. Planmäßig sollten wir nicht allein dort leben, sondern erwarteten einige Wochen später noch eine weitere Familie. Dazu habe ich mehr in Kapitel 3 — unsere WG — geschrieben.

Trotz Müdigkeit luden wir Bulli und Auto komplett nach unserer Ankunft aus. An sich eine gute Sache, Dinge direkt zu erledigen. Doch aufgrund der Erschöpfung unterlief uns ein großer Fehler: Chri legte aus unerfindlichen Gründen den Bullischlüssel auf dem Bullidach ab und vergaß ihn dort. Wir suchten wochenlang. Gott sei Dank hatten wir einen Ersatzschlüssel, aber dennoch war es ziemlich ärgerlich. Ihr glaubt nicht, wann wir fündig wurden: 20.09.2021, gute zwei Monate später. Wir sind also mehrere Male kilometerweit mit dem Schlüssel eingeklemmt zwischen Dach und Heckklappe durch die Gegend gefahren. Eines Morgens schaute Chri randomly aus dem Küchenfenster, herunter auf den Bulli und sah den Schlüssel dort liegen. Die Geschichte war für uns zum Schreien komisch. Oder auch einfach zugehörig zur Kategorie: Gnade. Göttliche Gnade im Leben bei dümmlichen Taten.

Wir fingen an, unsere Sachen in dem Haus zu verteilen, und versuchten, uns die ersten Tage einzuleben. Die Jungs mähten das

Grundstück, welches eine Mammutaufgabe darstellte, da das Gras ziemlich hochgewachsen war. Der Garten war verwildert, Violetta und ich pflückten Johannisbeeren. Obwohl das Haus neun Schlafzimmer hatte, schliefen wir zu Beginn in zwei kleinen Räumen, dicht an dicht gedrängt. Es war für mich ein komisches Gefühl in einem so großen Haus in der Fremde allein zu sein. Da ich keinen Rausfallschutz für Vio hatte, legten wir die Matratzen auf den Boden und schliefen dort. Wochen später erkannten wir, wie bequem die Betten waren und schoben diese zusammen. Rückblickend betrachtet haben wir viele Dinge strukturlos gemacht. Wir waren durch den Wind, lebten in den Tag hinein.

Als Familie mit einem Krabbelkind und einem Schulkind ist der Alltag ohnehin schon durcheinander, zumindest für uns. Chri hatte Elternzeit genommen, so konnten wir die Kinder zusammen begleiten und Aufgaben aufteilen. Wir erkundeten die Gegend, gingen das erste Mal im See schwimmen und durch die Wälder spazieren. Die Natur war an vielen Stellen unberührt und verwunschen.

An einem großen See fanden wir ein Hausboot. Ich war mir unsicher, ob wir es betreten sollten, es schien eindeutig privat zu sein. Die Jungs waren sehr neugierig und die Neugierde juckte ihnen unter den Fingern. Plötzlich kam ein Auto angefahren und ich fühlte mich direkt ertappt. Es war tatsächlich der Besitzer des Hausbootes. Er wollte nur eine Flasche Wein holen und lud uns bereitwillig ein, auf sein Hausboot zu gehen und dort im See zu baden. Wir waren begeistert von seiner freundlichen, lockeren Art. Unser erster Kontakt mit einem waschechten Schweden. Wir dachten: So sind bestimmt alle Schweden! Freundlich, offen, locker. Jedenfalls war das ein echt schöner Schwedensommerstart.

Die Tage vergingen wie im Fluge, aber so richtig Struktur hatten wir noch nicht. Mir ging es psychisch oft nicht gut. Zu sehr war ich emotional mit der Auswanderung beschäftigt.

Fern - Heim - Weh

Tagebucheintrag nach einer Woche

Sieben Tage sind bereits vergangen, seit wir final unser Leben umgekrempelt, eingetütet und von Grund auf verändert haben. Von so vielen Dingen getrennt; via Entsorgung, Verschenken und Verkaufen. Von einigen Menschen mit bleischweren Herzen getrennt, etliche Tränen vergossen und doch nochmal andere Möglichkeiten überdacht.

Denn, so ganz genau betrachtet sind die Gründe - unsere Liebe zur Natur, in Ruhe leben zu können und so - deutlich weniger bedeutsam für diesen unglaublichen Schritt ins Ausland zu gehen. Es ist primär und sekundär die politische Lage in der Heimat und die daraus resultierenden Lebenseinschränkungen, insbesondere für die Kids. Nichts anderes.

Wenn ich könnte, würde ich sofort zurückkehren. Selbst wenn die Rückreise tausende von Euros kosten würde. So sehr fehlen mir meine Vertrauten, wenngleich auch meine Engsten bei mir sind.
Ich vermisse meine Mama. Ich vermisse mein Pferd.
Ich vermisse meine liebsten Freundinnen und ja, auch unsere Wohnung. Die vertraute Umgebung.

Tagebucheintrag 24.07.2021

Was ist eigentlich schlimmer: Heimweh oder Fernweh?
Wenn ich darüber nachdenke, wie sich unser Zuhause in Porta anhört, die Treppen rauf und runter, die Türen auf und zu. Der letzte Hall, als die Möbel schon weg waren...
Wenn ich mich an den Geruch zurück erinnere...

Wenn ich an die Geburt denke oder auch an die abendlichen Vorbereitungen im kleinen Zimmer...

Wenn ich das Klacken der Terrassentür im Ohr habe, das Rascheln vom Kippendrehen der Nachbarn und Klacken der Box...

Wenn ich Bilder sehe von den Pferden...

ja, dann rollen die Tränen.

Heimat, all das ist Heimat für mich. All das ist weg.

Ich besinne mich aufs Wesentliche; auf meine Kinder und auf meinen Mann. Sie sind bei mir. Wir sind zusammen.

Ich denke an meine Mutter und wie sie duftet. An meine Freundinnen, an all ihr Lachen, ihre warmen Hände.

Und jetzt sitze ich hier mit dicken Tränen auf den Wangen in einem fremden Land, auf einem fremden Sessel, in einem fremden Haus. Es ist 22:11 Uhr und noch immer sehr hell. Die Dämmerung setzt erst langsam ein.

War all das die richtige Entscheidung?

Ich habe Angst die jeweiligen Gefühle der einzelnen Situationen bei dieser Reise zu vergessen. Die Emotionen rund um unsere Auswanderungen fühlen sich so tiefgehend an.

Das Telefon klingelt: Mein Cousin ruft an. Ich glaube, ich kann Anrufe seinerseits an einer Hand abzählen. Wir sind so weit fein miteinander, haben aber auch keine enge Beziehung. So war ich also sehr verblüfft seinen Namen auf dem Display zu sehen. Er erkundigte sich wie die Lage sei und wie es uns so erginge in der Fremde. Ehrlich wie ich bin, habe ich ihm von meinem kleinen aktuellen Gefühlstief erzählt. Ich konnte ihn durchs Telefon schmunzeln hören. Emotionen sind nicht so sein Ding. Also klopfte er mir imaginär auf die Schulter und schlug vor, anstelle von Trübsal blasen doch lieber das Abenteuer zu genießen. Nun, womöglich hatte er recht. Doch konnte ich ebenso wenig glauben, dass er auch nur ansatzweise begreifen konnte, dass diese Reise weniger eine Vergnügungsfahrt für uns war, sondern triftige Gründe uns dazu getrieben haben.

Ich kann mich nicht entsinnen, jemals den Wunsch gehegt zu haben, in den Norden zu ziehen. Generell fühlte ich mich in Deutschland vor 2020 recht wohl. Heimat eben. Natürlich reiste ich gern, vorzugsweise ans Mittelmeer. Doch nun war eben alles anders. Schweden hat den Ruf eines Bullerbü-Lebens, endlosen Wäldern und zahlreichen Seen. Könnte also schlechter sein. Wie auch immer, diese Situation, in einem fremden Haus und Land mit Heimweh zu kämpfen, erdrückte mich beinah. So tief gefühlt und gleichzeitig schnell gelebt hatte ich bislang noch nie.

2

Unsere Erfahrungen während Covid-19

„Der Kopf ist rund, damit das Denken seine Richtung ändern kann".

Francis Picabia

Ich schreibe diese Zeilen gute eineinhalb Jahre später. Dennoch kann ich mich extrem gut erinnern und nachfühlen, wie es damals war. Der letzte Tag in unserem Zuhause in Porta, die letzte Nacht. Es waren nur noch knappe zwei Stunden bis zum Aufstehen. Wir hatten bis auf die letzte Minute gepackt. Der Bulli erwies sich erneut als absolutes Raumwunder, wir bekamen mehr mit als gedacht. Auch der Fiat Punto war bis unters Dach voll. Ein total verrücktes Gefühl mit seinem, ja beinah einzigem Hab und Gut das Land zu verlassen. Es unterstrich den Begriff „Flucht". Zugleich schob sich aber auch eine Art Dekadenz unter. Ich vermute „Auf - der - Flucht - Reisende" nehmen bestimmt nicht so viel Zeugs mit. Genau wusste ich es natürlich nicht.

Dinge wie Fotoalben und Lieblingsmöbelstücke hatten wir bereits bei unseren Eltern eingelagert. Alles, was wir in den nächsten drei Monaten nicht dringend brauchten, blieb in Deutschland. Winterkleidung hatte ich verstaut, sodass sie in Kisten zu gegebener Zeit mit den ersten Besuchern oder der Post zu uns gesandt werden konnten. Ich erinnere mich noch gut an meinen Alltag zwischen Umzugskartons, Baby abhalten und stillen, Dinge auf Vinted posten, und nach Eingang der Moneten das Päckchen im Kinderwagen zur kleinen Postfiliale im Dorf chauffieren.

Nach wiederholten Gängen kam es unweigerlich zu einem Gespräch mit der netten Dame, die in ihrem kleinen Laden Second-Hand-Ware verkaufte und diesen als DHL-Filiale nutzte. Sie fragte, wohin die Reise denn gehen würde, als ich erwähnte, dass wir aufgrund eines bevorstehenden Umzugs aussortierten.

Es war eine Zeit, in der ich mich nicht mehr sicher fühlte, meine Meinung, Gedanken oder etwaige Pläne zu teilen. Es war eine Zeit, in der die Regierung zum Verpetzen aufrief, falls der Nachbar sich nicht an die aktuellen Bestimmungen hielt. Sicher, unser Vorhaben war keineswegs gesetzwidrig. Aber unsere Intention womöglich riskant. Riskant geäußert zu werden. Wir würden auffallen, wenn wir bis dahin nicht schon aufgefallen waren. Denn wir waren eine der wenigen Familien im Dorf, die zum Beispiel keinen Mundschutz zum Einkaufen trugen. Wir hatten ärztliche Bescheinigungen darüber, dass wir die Maske nicht tragen konnten, um auf der vermeintlich rechtlich sicheren Seite zu stehen. Und ja, tatsächlich hatte jeder von uns einen ärztlich triftigen Grund. Aber ist es nicht perfide, dass man für mögliche Akzeptanz hätte blankziehen und seine Krankengeschichte hätte erzählen müssen? Und auf der anderen Seite, wie schlimm kann es werden, wenn Gründe, die möglicherweise nicht ärztlich abgesegnet werden würden, einfach nicht zählen. Die Freiheit nicht mehr besteht, für seinen eigenen Körper selbstbestimmt Entscheidungen zu treffen? Und das alles unter dem Deckmantel der Solidarität - für den Schutz des Mitmenschen. Man war ein „Superspreader", wenn man keine Maske trug. Eine Gefahr für seine Mitmenschen. Eine Gefahr für die

Bevölkerung. Ignorant, egoistisch und ganz schnell rechtsradikal. Ja, mit dem Aufbäumen gegen die Regularien der Regierung oder besser: mit dem „Ich - mach - da - nicht - mit" Sticker auf der Stirn wurde man plötzlich zum Nazi tituliert. Leute, was war da los?

Wie war das nochmal im Jahr 2020, als eine Maskenpflicht und Impfempfehlungen mehr Gewicht bekamen, als die Würde des Menschen?

Vielleicht ist es überheblich von mir oder du empfindest Wut im Bauch bei dem Vergleich der Würde des Menschen und einer Regularie in Form von einer Maskenpflicht.
Es ist nicht so, dass ich keine Angst vor Corona hatte. Natürlich hatte ich Angst. Niemand wusste, was da Anfang 2020 auf uns zukam. Oder besser: niemand wusste, was passierte. Und mit niemandem meine ich besonders Dich und mich. Die Bevölkerung, die Menschen.

Was passiert, wenn man aus Angst handelt? Wie fühlt sich das an, durch seine Ängste missbraucht zu werden? Nichts anderes ist doch passiert: Panikmache sondergleichen. Wenn sich dieser Sturm auf die ersten Monate begrenzt hätte, in denen ja nun wirklich niemand richtig verstand was los war - okay, das wäre absolut menschlich.

Das Ausmaß der Bestimmungen rund um die Covid-19 Geschichte wurde so gravierend, dass Hass und Argwohn, Angst und Panik in die Herzen der Menschen gesät wurden. Spaltung der Gesellschaft, Spaltung von Familien. Und wir alle wissen, wie verwundbar es sich anfühlt, wenn man gespalten ist.

Es muss so um die 24. Schwangerschaftswoche gewesen sein, als ich im WEZ mit Maske unter der Nase einkaufen war. Es war die Zeit der Stoffmasken, also handgenähte mit hübschem Muster, die als zugelassener Schutz galten. Es gab zu dem Zeitpunkt nicht genügend klinische Mundschutze für die ganze Bevölkerung, also machten es sich viele Kleinkunsthandwerker zur Aufgabe, selbst Masken zu nähen und zu verteilen. Alles im Namen der Solidarität und des Business, denn etwas Kleingeld sprang dabei auch heraus. Fast so wie bei den Großkonzernen, die später die Masken und Tests verkauften, nur eben in deutlich kleineren Summen.

Natürlich war mir bewusst, wie eine solche Maske zu tragen sei und ich selbst fand es immer unmöglich und finde es nach wie vor Panne, wenn ich sehe, wie manch einer den Mundschutz verwendet. Als Hebamme wurde ich in Sachen Sterilität geschult. Mit Sterilität hatte die Maskenära im Rahmen der Covid-19-Politik leider null zu tun.

Dennoch: Ich war schwanger, deutlich sichtbar, bekam nur sehr schwer Luft unter der Maske und trug sie im Gang der Erdbeermarmeladen kurz unter der Nase. Da kam doch glatt eine andere Kundin mit den Worten: „Na so wie Sie diese tragen, schützt es aber nicht." Ich bin immer so baff, wenn Leute mich direkt ansprechen. Ich konnte grad noch so hervorbringen, dass ich schwanger sei, bevor meine Brille beschlug und die Ohren rot vor Scham und Wut wurden. Die Kundin antwortete nur kurz „Achso" und dampfte ab. Leute, das war nichts Großes. Aber es hat sich fürchterlich angefühlt. Es sollte auch erst der Anfang von Ausgrenzung und Anfeindung sein.

Kurz vor Geburt unserer Tochter überschlugen sich die Schlagzeilen rund um Kundgebungen und Spaziergängen, die vom Volk aus organisiert und durchgeführt wurden. Man wollte rund um die pandemische Lage aufklären und gemeinsam für das Grundgesetz auf die Straße gehen. Auch bei uns im Ort gab es solche Veranstaltungen. Als Familie besuchten wir eine solche Versammlung. Es war eine schöne angenehme Stimmung, jeder der mochte, durfte ans Mikro treten und seine Ansichten und Erfahrungen teilen. Wir erlebten auch Anfeindungen von vorbeigehenden Fußgängern. Diese meinten in uns gefährliche Menschen, die die Welt gefährdeten, zu erkennen. Genauso gab es auch Interessierte, alles in einem überschaubaren Rahmen. Am Abend gingen wir noch in unseren Lieblings - Lahmacun - Laden und wollten zum Mitnehmen bestellen. Es herrschte Maskenpflicht in den Lokalitäten. Wir gingen zum Bestellen an die Theke und wurden direkt von der Bedienung angefeindet. Wir trugen keine Maske. Mein Sohn und mein Mann mit Atemwegserkrankungen, ich hochschwanger, wir hatten jeweils unsere Atteste dabei. Wir wurden unfreundlich dazu aufgefordert unsere Masken aufzusetzen oder unverzüglich den Laden zu verlassen. Das Geschäft boomte, nahezu alle Tische waren belegt, dicht gedrängt saßen die Kunden und aßen. An den Tischen musste niemand eine Maske tragen, nur die Bedienungen und wir, die stehend bestellen wollten. Der Kellner trug die Maske unter der Nase und trat auf 30 cm an meinen Mann heran. Er wurde zornig und pöbelte meinen Mann an, doch jetzt unverzüglich den Laden zu verlassen, da wir keine Maske trugen, sonst würde er die Polizei rufen. Die Kunden mischten sich ein, eine Dame von einem Tisch stand auf und meckerte mich an, dass wir sie krank machen würden. Sie sei Ärztin und würde genau wissen, wie wichtig es sei, eine Maske zu tragen. Sie spuckte mir förmlich ins Gesicht, in ihrer Hitzigkeit. Mein Sohn, mein Mann und ich wurden immer weiter Richtung Ausgang gedrängt. Mein Mann sah aus dem Augenwinkel, dass sich im Hintergrund die Mitarbeiter und ein paar scheinbare Stammkunden des Restaurants absprachen, uns körperlich rausschmeißen zu wollen. Die Stimmung war hitzig, ich bekam Angst. Angst geschubst zu werden und mit dem großen Babybauch zu fallen. Angst sehen zu müssen, wie eine Schlägerei entstehen würde und meinen Mann und Sohn mittendrin zu wissen. Meinem Mann war solch eine Stimmung aus der Jugend bekannt, er stellte sich schützend vor uns und signalisierte uns, dass wir zum Auto gehen sollten. In der Zwischenzeit wurde die Streife informiert und kam mit vier Polizisten an.

Die Gefahr einer körperlichen Auseinandersetzung neigte sich dem Ende, jetzt sollten Diskussionen folgen. Um es kurz zu machen: Wir bekamen von dem Chef des Restaurants ein Hausverbot, welches für drei Monate gesetzlich festgelegt ist.

Wofür nochmal genau? Ich weiß es nicht.

Unsere Maskenatteste wurden von der Polizei eingesehen, hatten aber keine weiteren Auswirkungen, weder positiv noch negativ. Es ist die freie Entscheidung des Ladenbesitzers Hausverbote auszusprechen. Willkommen in einem Deutschland, in dem Recht und Ordnung keiner weiteren klaren Definition bedürfen.

„Viele Menschen glauben, dass im Jahr 2021 die Hände das am häufigsten gewaschene Körperteil waren. Aber in Wirklichkeit war es das Gehirn.“

Covid - 19 und der Grundschüler

Ich fühlte mich irgendwie schlecht, mein Kind dazu zu drängen einen Mundschutz beim Einkaufen in der Fußgängerzone zu tragen. Er wollte es nicht, er bekam schlecht Luft, seine Brille beschlug. Ich verstand ihn, aber ich wollte auch kein Risiko eingehen. Das Risiko erwischt zu werden, das Risiko andere Menschen krank zu machen oder besser, das Risiko, dass mein Kind erkranken könnte. All das fachliche Wissen über den korrekten Umgang rund um Hygiene verschwamm wie eine Rauchwolke in meinem Kopf, angetrieben von der politischen Panikmache und der daraus resultierenden gesellschaftlichen Angst.

Ich zwang ihn also. Denn er wollte nicht. Also zwang ich ihn. Das ist doch Zwang, oder? Wie viele Eltern da draußen zwangen auch ihre Kinder einen Mundschutz zu tragen? Hört ihr mich?

Das Ganze hielt ich vielleicht zwei oder drei Wochen aus. Dann gingen wir zum Kinderarzt. Mein Sohn leidet unter einer starken Pollenallergie, es war die Zeit des Pollenfluges, und unter diesem Aspekt bekam er eine Maskenbefreiung.[3] Er war erleichtert. Ich war erleichtert. Problem gelöst.

Problem gelöst? Was passiert, wenn man als Einziger an einer Schule mit über 200 Schülern keine Maske trägt? Genau, Ausgrenzung und

---

[3] Ob ich ein schlechtes Gewissen verspürte, die Allergie als Maskenbefreiungsgrund attestieren zu lassen? Nein. Ich bin Mutter. Ich will das Beste für mein Kind und dies hat sich als das Beste für mein Kind angefühlt.

Anfeindung. Er wurde zur Gefahr seiner Mitschüler, seiner Lehrer, seinem Umfeld. Und genau so wurde er auch behandelt.

Er bekam einen gesonderten Platz im Klassenzimmer, in den Pausen sollte er abseits der anderen stehen. Ich berichte Euch von einem Schüler Ende der zweiten Klasse. Einem Grundschüler. Einem Kind. Einem Kind, welches aufgrund einer Vorerkrankung nicht in der Lage war, den Regularien der Regierung Folge zu leisten und somit von der Gesellschaft ausgegrenzt wurde. Ich weiß nicht, wie ist das mit Dir? Also ich bekomme Herzrasen, wenn ich darüber auch nur ansatzweise nachdenke. Meine Hände fangen an zu schwitzen, es fühlt sich so unfassbar schmerzhaft und falsch an.

Nach den Sommerferien ging es munter weiter. Die Kommentare und Blicke der anderen blieben bestehen, doch mein Sohn wollte sich nicht brechen lassen. Er blieb tapfer, ging zur Schule, ohne Maske, spielte allein, stand allein. Manche Kinder schienen neidisch auf ihn zu sein, auf die Freiheit ohne Maske rumlaufen zu können, andere hatten Angst. Vielleicht hatten alle Angst, nur eben andere Ängste. Die Zeit verstrich und es wurde zur Normalität. Weniger doofe Sprüche, mehr Akzeptanz.

Es folgte Homeschooling für alle und nach einiger Zeit wieder Präsenzunterricht.

Nach Wiederaufnahme des Regelunterrichts, oder sagen wir den Gruppeneinteilungen, denn es war natürlich noch kein normaler Klassenverband wie vor der Pandemie, folgte auch eine Gesetzesänderung. Die meisten Maskenatteste wurden nicht mehr akzeptiert. Es gab nur noch sehr, sehr wenige Diagnosen, die berücksichtigt und bewilligt wurden.

Wir gingen erneut zum Kinderarzt, in der Hoffnung das Attest der Maskenbefreiung nach den neuen Regularien attestiert zu bekommen. Doch dem Arzt waren die Hände gebunden. Er berichtete von einem sogenannten Diagnosen - Katalog, an dem er sich zu halten habe. Unzählige Patienten aus seiner Praxis, Kindern, konnte er nicht mehr helfen. Auch jenen, die aus psychologischen Gründen keine Maske tragen konnten, wurde die Befreiung aberkannt.

Für jene, die an dieser Stelle die Schwere dieser Gesetzesänderung nicht verstehen können oder generell die Maskenpflicht als harmlos empfanden... Stell' dir vor, dir hält jemand die Hand vor den Mund. Du gehst durch die Straßen, in Geschäfte und Arztpraxen und hast eine Hand eines Fremden vor dem Mund. Es fängt an feucht zu werden, an deinen Lippen und der Haut der fremden Hand, dein Speichel vermengt sich mit der verbrauchten Luft, die immer wieder gegen diese fremde Hand haucht. Du willst dich unterhalten, doch man versteht dich nur schlecht. Du musst lauter sprechen, du wirst rot im Gesicht und die Brille auf deiner Nase beschlägt. Du kannst nichts mehr sehen, du wirst nicht gehört. Du fühlst dich allein. Allein gelassen.

Maske, Schule und neue Regularien

Zu Beginn gab es an den Schulen eine besondere Ausnahme für die Lehrkräfte. Während die Schüler kontinuierlich eine Maske tragen mussten, mit Ausnahme der Einnahme des Pausenbrotes, welches aber hinter der Maske gekaut und nur bei Aufnahme des Brotes in den Mund die Maske kurz an der Seite geöffnet wurde, durften Lehrkräfte während des Unterrichts an ihrem Pult oder an der Tafel die Maske absetzen. Ebenso trugen die Lehrkräfte teilweise keine Maske in ihren Aufenthaltsräumen, sowie Lehrerzimmern. Solche Ausnahmen gab es für die Schüler nicht. Auch während der Pausen auf dem Pausenhof oder beim Sportunterricht mussten die Schüler eine Maske tragen.

Unser Sohn berichtete, wie er in der Pause draußen ohne Maske stand, so wie die vergangenen Monate als einziger Schüler mit einer attestierten Maskenbefreiung, als plötzlich eine Lehrerin auf ihn zukam und ihn aufforderte unverzüglich eine Maske aufzusetzen, anderenfalls würde sie seine Eltern, uns, anrufen und ihn abholen lassen. Er, der keine Ahnung von einer Änderung der Lage hatte, zeigte seine Maskenbefreiung vor, die die Lehrerin eiskalt ignorierte. Sie riefen uns also an und wir holten ihn ab.
Es folgte ein E-Mail Verkehr mit der Schulleitung und die Realisierung, dass wir an diese Stelle nur schwer gewinnen können. Es wurde deutlich gesagt, dass wir eine gültige Maskenbefreiung vorzulegen haben, anderenfalls müsste er eine Maske tragen, auch während der Zeit bis ein gültiges Exemplar eingereicht würde.
Wir suchten also eine andere Ärztin auf, die psychologische Diagnosen stellte und glücklicherweise innerhalb einer Woche einen Termin für uns hatte.

Da ein vorgeschlagenes Homeschooling meinerseits von Seiten der Schule abgelehnt wurde, obwohl wir bereits mehrere Wochen allgemeines Homeschooling hinter uns hatten, musste ich meinen Sohn mit Maske zur Schule schicken. Diese eine Woche, bis zum erhofften, erlösenden Arztbesuch, war der reinste Spießrutenlauf. Kinder nannten ihn „Asthma - Junge", sowohl zuvor die Monate ohne Maske. als auch jetzt mit Maske. Auch wenn er kein Asthma hatte, sondern starke Allergien, bekam er immer wieder Atemschwierigkeiten und er versuchte die Maske abzunehmen. Dafür versteckte er sich während der Pausen allein in der Ecke, um zu atmen. Einmal wurde er gesehen und eine Lehrerin ohne Maske brüllte aus dem Fenster des Lehrerzimmers hinunter auf den Pausenhof, er solle sofort seine Maske aufsetzen. Kannst du dir das vorstellen?

Wie allein, falsch und abgelehnt muss ein Kind sich fühlen?

Er war es in den vergangenen Monaten ebenfalls bereits gewohnt, keinen Spielkumpel in der Schule zu haben, da er ohne Maske immer großen Abstand zu den Schulkameraden halten musste. Alle anderen Kinder, die auch mindestens eine Armlänge voneinander entfernt sein sollten, erfanden Spiele wie „unsichtbares Fangen" oder auch „Abklatschen ohne Abklatschen".

Bei der neuen Ärztin teilten wir unsere Erfahrungen und unser Anliegen mit. Sie attestierte ihm eine weitere Maskenbefreiung, diese nahm er mit zur Schule. In der Annahme der Spuk habe nun ein Ende, starteten wir in die Woche. Doch es dauerte nicht lange, bis wir eine erneute E-Mail der Schulleitung erhielten.

24 Stunden nach Einreichung des neuen Attestes, lehnte die Rechtsabteilung der Bezirksregierung dieses ab und forderte zum Tragen einer Maske auf. In dem offiziellen Schreiben betonte die Behörde ebenfalls, dass uns, als Erziehungsberechtigte, eine Abwesenheit des Schülers zur Last fallen würde, da nach Schulgesetz §41 Absatz 1 Satz 2[4] die Schulpflicht bestünde. Dennoch, solange der Schüler keine Maske trägt, musste dieser vom Unterricht ausgeschlossen werden. Dieses schloss mit ein, dass auch keine Unterrichtsmaterialien für den Unterricht (weder Präsenz- noch Distanzunterricht) zur Verfügung gestellt wurden. Das Fernbleiben vom Unterricht wurde dem Schulamt und der Bezirksregierung gemeldet.

Ich weiß nicht, welche Gefühle du bei dem Posteingang bekommen hättest, ich hatte in jedem Fall ziemliche Angst und Wut.
Ich hatte Angst, man würde mir mein Kind wegnehmen, wenn ich es von der Schule fernhalte. Wut, wie das System mit den Kindern umging. Wut darüber, dass es nur einen legalen Weg gab, sein Kind zu betreuen, und zwar jener, dem wir nicht folgen wollten. Jener, der uns und unser Kind zwang, Dinge zu tun, die wir nicht wollten. Da die Bezirksregierung so fröhlich Paragraphen zitierte, möchte ich es an dieser Stelle auch tun:
Grundgesetz der Bundesregierung Deutschland Art 1, Absatz 1 & 2

---

[4] Schulgesetz NRW - SchulG § 41 : Verantwortung für die Einhaltung der Schulpflicht

„Die Würde des Menschen ist unantastbar.
Sie zu achten und zu schützen ist Verpflichtung aller staatlichen
Gewalt. Das Deutsche Volk bekennt sich darum zu
unverletzlichen und unveräußerlichen Menschenrechten als
Grundlage jeder menschlichen Gemeinschaft, des Friedens und
der Gerechtigkeit in der Welt."

Über den Impfdruck in Deutschland und meine Ansicht dazu

Auch ich habe meinem Erstgeborenen sämtliche Standard -
Impfungen verabreichen lassen, die erste Impfung gab es im Alter
von drei Wochen. Ich bin also kein geborener Impfkritiker, Skeptiker
oder gar Gegner.

Im Gegenteil: Als angehende Kinder - und Gesundheitspflegerin und
dann ausgebildete Hebamme habe ich unter anderem ein
umfassendes Wissen bezüglich Impfungen und Impfwirkungen
erhalten. Einblicke und Erlebnisse, geprägt von unserem Dozenten,
einem Prof. Dr. aus der Pädiatrie[5], untermauerte meine ohnehin
schon starke Haltung hinter der Schulmedizin.

Doch mit wachsender Erfahrung und der Auseinandersetzung mit
verschiedenen Gesundheitsthemen begann sich meine Sichtweise zu
ändern. Ich lernte alternative Heilmethoden kennen und ließ sie
langsam in mein Denken einfließen. Dabei stellte ich immer häufiger
die routinemäßige Anwendung von Arzneimitteln in Frage. Die

---

[5] Fachgebiet der Medizin, das sich mit der Gesundheit und medizinischen Versorgung von
Säuglingen, Kindern und Jugendlichen befasst.

Empfehlungen der STIKO[6], die bei jedem Arztbesuch infiltriert werden, üben einen enormen Druck aus. Es scheint keine anderen Möglichkeiten zu geben, als dem „Schema F" zu folgen, denn man möchte schließlich nur das Beste für sich und sein Kind. Ich erinnere mich gut daran, wie ich mein erstes Kind gegen sämtliche Dinge impfen ließ. Die Angst, es könne an etwaigen Krankheiten sterben, trieb mich dazu. Ich hatte keine Ahnung von der anderen Seite, von den Alternativen. Im Nachhinein schäme ich mich für meine sture Unwissenheit.

Ich denke oft an die Zeiten des Coronawahnsinns zurück und wie leicht es war, Menschen in Richtung Impfung zu drängen. Die Angst war allgegenwärtig und wurde gezielt eingesetzt, um Entscheidungen zu beeinflussen. Doch sollten wir nicht inzwischen wissen, dass Angst ein schlechter Ratgeber ist?

Als die Angstmasche nicht genügte, kam die solidarische Peitsche ins Spiel. Man appellierte an das Gewissen der Menschen, an ihre Pflicht, andere zu schützen. Kritische Stimmen wurden schnell diffamiert und stigmatisiert, was die gesellschaftliche Spaltung weiter vorantrieb.

Dass die Impfungen gegen Covid-19 sich tatsächlich als weniger wirksam, sondern eher hochkritisch herausstellte, interessiert heute gefühlt niemanden mehr. Aber die Gesellschaft ist gespalten und Menschen haben Menschen verloren. Physisch und/oder psychisch.

Die Nebenwirkungen der Impfungen meines ersten Kindes waren ein Wendepunkt. Ich begann, mich intensiver mit den Themen Gesundheit und Medizin auseinanderzusetzen. Ich las Bücher, besuchte Vorträge und sprach mit anderen Eltern und Fachleuten, die

---

[6] Die Ständige Impfkommission, kurz STIKO, ist eine Expertengruppe in der Bundesrepublik Deutschland, die beim Robert Koch-Institut in Berlin angesiedelt ist.

alternative Ansätze verfolgten. Ich lernte über die Kraft der Homöopathie, die Wirkung von Kräutern und die tiefe Bedeutung unserer Ernährung. Diese neuen Erkenntnisse öffneten mir die Augen und ich begann, die Dinge differenzierter zu sehen.

Durch die Erfahrungen während meiner Hebammentätigkeit sah ich immer häufiger, wie der Körper selbst in der Lage ist, sich zu heilen, wenn man ihm natürliche, richtige Mittel und die nötige Zeit gibt. Ich verfolge einen ausgewogenen und informierten Ansatz. Die Reise zu dieser Erkenntnis war lang, doch sie hat mich zu einem bewussteren und offeneren Menschen gemacht. Automatisch hat es zufolge, dass ich kritisch hinterfrage und jeden dazu ermutige, Gleiches zu tun. Schritt für Schritt, auf der Suche nach der Balance zwischen Schulmedizin und alternativen Heilmethoden, immer im Bewusstsein, dass es nicht den einen richtigen Weg gibt, sondern viele Möglichkeiten, die Gesundheit und das Wohlbefinden zu fördern.

3

Unsere WG

Im Februar 2021 teilte ich in der Chatgruppe „Deutsche in Schweden" mit, dass meine Familie und ich an einer Auswanderung interessiert wären. Ich erwähnte auch, dass ich Hebamme von Beruf sei. Überraschenderweise erhielt ich auf meine Nachricht eine erste Anfrage für Schwangerschafts- und Geburtsbegleitung in Schweden. Eine deutsche Familie, die bereits ausgewandert war, erwartete ihr 5. Kind und strebte eine Betreuung außerhalb des Systems an. Oder genauer gesagt: Sie freuten sich zu lesen, dass eine deutsche Hebamme ebenfalls über das Auswandern nach Schweden nachdachte, und boten mir im Gegenzug für meine Dienste eine erste Bleibe vor Ort an. Ich war super aufgeregt. Bis dato hatte ich nur wenige Informationen über das schwedische Gesundheitssystem, doch mir war bewusst, dass sowohl in Schweden als auch in Deutschland immer mehr Frauen nach Hebammen für Hausgeburten oder Unterstützungen bei Alleingeburten suchten. Das Vertrauen in die Kliniken war, gelinde gesagt, geschwächt. Man kann es niemandem verübeln, über alternative Betreuungen nachzudenken. Im Gegenteil:

Wir Frauen dürfen selbst über unseren Körper entscheiden und somit auch über die Art der Schwangerschaftsbetreuung und Geburt. Als Freigeist fühle ich mich zu diesen Menschen hingezogen, die außerhalb der klassischen Regularien leben (wollen).

Wie dem auch sei, es begann ein reger Austausch über ihre Auswanderungserfahrungen, unseren Beweggründen einer „Flucht" nach Schweden und meiner Hebammentätigkeit. Ich gab ihr ein paar Tipps für die Schwangerschaft und wir blieben in Verbindung. Spoileralarm: Es kam aufgrund einer frühen Fehlgeburt zu keiner weiteren Begleitung, doch der Kontakt blieb bestehen und wir sind dankbar für die Zeit, die wir mit ihnen verbringen konnten. Wie der Zufall es wollte, war es die erste Familie in Schweden, die wir bei der Anreise trafen, die uns durch viele erste Schritte begleitete und deren Mindset ein ähnliches wie das unsere war. Herzlichen Dank, Ivo und Cathy, dass ihr uns unterstützt und begleitet habt. Es hat uns mentale Kraft gegeben, diesen Schritt des Loslassens von Deutschland zu gehen.

Im Chat meldete sich kurz danach eine andere Familie aus der Nähe unseres Wohnortes in Deutschland und schlug ein Treffen vor. Auch sie spielten mit den gleichen Gedanken ans Auswandern. Wir beschlossen ein Blind- Date zu vereinbaren und bereits im März besuchten sie uns. Ursprünglich wollten wir spazieren gehen, aber aufgrund des schlechten Wetters — hallo, deutscher Winter — luden wir sie stattdessen zu uns nach Hause ein.
Würde ich einen Liebesroman schreiben, dann würde ich es „Liebe auf den ersten Blick" nennen. Die Idee, gemeinsam nach Schweden auszuwandern, gab uns Mut. Es fühlte sich sicherer an, weniger riskant, und wir fühlten uns stärker und weniger allein, besonders in dieser turbulenten Zeit der Pandemie. Wir hatten das Gefühl, unter Gleichgesinnten zu sein, welches uns Hoffnung und Vertrauen schenkte. Kurz gesagt: Die Chemie passte sofort!
Wir beschlossen recht schnell den Schritt nach Schweden gemeinsam zu wagen. Zuerst hatten wir einige verrückte Ideen, wie, online ein

Objekt zu kaufen, das wir dann gemeinsam nutzen wollten, mit dem Gedanken an Selbstversorgung und gemeinschaftlichem Wohnen, aka Survival in harten Zeiten. Grundsätzlich dachten wir an eine Auszeit für ein Jahr. Sobald sich der Sturm über Deutschland gelegt hatte, wollten wir zurückkehren. Ein Hauskauf sollte als Notfallplan einen Zufluchtsort gewährleisten. Nicht mehr und nicht weniger.

Bei unserem zweiten Treffen im April, diesmal bei ihnen zu Hause, sahen wir uns potentielle Häuser auf schwedischen Immobilienseiten an. Nach stundenlanger Recherche entschieden wir uns jedoch für den sichereren Weg und wollten vorerst mieten, um dann vor Ort nach Eigentum zu suchen.

Gegen Ende April stießen wir auf ein passendes Haus für uns alle, ein wahrer Glücksfall. Die Immobilie war groß genug für zwei Familien, was in Schweden eher ungewöhnlich ist, da die meisten Häuser eher klein sind. Nachdem wir das Haus gefunden hatten, kündigten wir unseren Mietvertrag in Deutschland und begannen mit dem Ausmisten.

Leider konnte der Familienvater unserer neuen WG-Familie „arbeitstechnisch" noch nicht permanent mit uns in Schweden leben. Es ist sehr kompliziert, die damalige Situation genauer zu beschreiben. Für alle, die sich für das Auswandern und Arbeiten im Ausland interessieren: Es ist oft schwieriger, als man es sich vorstellt. Die Systeme sind so verfahren, da hat die Bildung der EU kaum wirklichen Mehrwert geschaffen. Zumindest hat es sich für uns alle so angefühlt. Wir sind also auf eigenes Risiko viele Schritte gegangen, die uns sehr viel Mut und Kraft gekostet haben. Wir blieben im Fokus, zielgerichtet auf unsere Träume und Visionen. Ich denke, ich spreche für uns alle, die aus der Komfortzone getreten sind und ein ganz neues Leben gewagt haben. Und wofür? Für die Freiheit! That's it! Für ein selbstbestimmtes, unabhängiges Leben nach den natürlichen Bedürfnissen unserer Herzen.

Ich möchte abschließend zu diesem Kapitel deutlich machen, dass wir super dankbar für die WG-Zeit sind. Nadja, Evelyn und Neele waren für uns das perfekte Match für ein gemeinsames Abenteuer dieser Art. Ebenso schätzen wir Wowa, wenngleich er nicht permanent bei uns lebte. Menschen im Leben zu wissen, bei denen man zu 100% man selbst sein und sich aufeinander verlassen kann, sind goldwert.

Ich denke, dass es besonders für unsere Kinder eine prima Sache war, mit anderen Kindern in einem Haus zu wohnen und dasselbe zu erleben. So waren sie von Anbeginn nicht ganz allein in einem fremden Land. Noam war vor Violetta's Geburt acht Jahre lang Einzelkind, doch den Benefit zweier neuer Schwestern, durch unser WG-Leben, konnte man ihm deutlich ansehen. Während er mit Eve (15) tiefgründige Gespräche auf dem Flur führte, sorgte Neele (7) für viel Spiel und Spaß, passend in seiner Altersgruppe. Für Violetta waren Evelyn und Neele die perfekten großen Schwestern. Durch ihre Unterstützung war es auch mir möglich, etwas Freiraum für häusliche Arbeiten ohne Kind oder einfach mal eine frische Dusche zu ergattern. Nadja übernahm oft die Rolle der Mutter, wenn ich abends noch schnell zu den Pferden fuhr und der Rest der WG schon das Abendbrot vorbereitete. Sie kümmerte sich um Vio, wie um ihre eigenen Kinder. Wir waren eben eine richtige Familie.

Im Familiengefüge eine Auswanderung zu durchleben, also eine existentielle Veränderung, macht es so viel leichter und fröhlicher.

Für mich ein absoluter Beweis, dass zwischenmenschliche Beziehungen zum Seelenheil beitragen.

Verbündete

Tagebucheintrag vom 12.08.2021

Wir haben nicht nur unsere WG-Familie als neue Freunde gewonnen. Das Schicksal sandte zur gleichen Zeit eine weitere deutsche Familie nach Schweden, direkt ins Nachbarhaus unseres Mietobjektes. Genau genommen reisten sie sogar etwas eher an, als unsere WG-Familie. Gern' erinnere ich mich an die Bullerbü-Sommerabende im Kreise diese wundervollen Menschen zurück:

Heute haben wir einen vorerst letzten gemeinsamen Abend mit einem neuen Freund verbracht.

Ein Familienvater von drei Töchtern mit meilenweitem Geduldsfaden, spannenden Geschichten aus seinem Leben als Notfallsanitäter und Feuerwehrmann, drei Prisen Humor und einer guten Note von Toleranz und freiem Denken. Auf Wunsch seiner Frau lässt er seine Mädels für ein Jahr Schweden erobern, frei und wild durch die Wälder streifen, während seine Streife sich auf die üblichen Einsätze in Deutschland beschränken wird. Denn er muss schon morgen nach Hause zurück. Zwei Wochen Familien-Settledown sind done. Stundenlanges Rasenmähen, Bier vernichten – eben zwei Wochen tiefgründige Gespräche führen in Mittelschweden. Haben wir neue Freunde gefunden? Nein. Es fühlt sich eher so an, wie neue Verbündete! So schnell, wie die letzten Monate Freundschaften zu kippeln begannen, genauso rasch kristallisierten sich auch wahre Sympathien heraus. Wir hatten die gleiche Denke, nämlich quere.

Seine Frau Lida wurde zu einer engen Freundin. Sie blieb mit den drei Mädels allein in Schweden, während ihr Mann in Deutschland arbeiten musste.

Wie wir, fand Lida ein Haus in Ställdalen, dem kleinen Nachbarort von Kopparberg. Es war ein so schönes Gefühl, beieinander wohnen zu bleiben, wenngleich es nicht mehr Haustür an Haustür war. Mit dem Fahrrad dauerte es nur 10 Minuten, schon konnten wir wieder zusammensitzen und uns unterstützen. Meist waren wir Frauen zusammen und teilten unsere Sorgen und Ängste. Auch kam ich ab und an in den Genuss ihrer Massagetechniken. So verhalf sie mir bei dem Kampf gegen Verspannungen und der daraus resultierenden Migräne.

Unsere jüngsten Kinder spielten viel zusammen und wir schlichteten die schnell entflammbaren Streitereien. Es war nicht immer leicht, mit den „unter Dreijährigen", ein harmonisches Spiel zu erreichen. Schlussendlich ist Hanna, Lida's jüngste Tochter, Violetta's beste Freundin geworden. Doch leider sind Lida und ihre Mädels nur ein Jahr geblieben. Im Sommer 2023 mussten sie wieder zurück nach Deutschland und kommen so nur noch in der Urlaubszeit vorbei.

An dieser Stelle eine große Umarmung für dich, Lida! Du warst mir eine wundervolle Freundin und ich schätze unsere gemeinsame Zeit. Mit Euch als Freunde hatten wir einen richtig spaßigen Start im Ausland und fühlten uns gleich viel schneller wie zuhause. Deine Hilfsbereitschaft und freundliche Art haben uns sehr bereichert!

Auf noch weitere schöne Zeiten und dass du weiter deinen Weg gehst. Die Erfahrung hat uns zur Freiheit verholfen und ich wünsche uns, dass wir nie davon abkommen werden.

Das Leben in der WG

Routine und Struktur fördern innerliche Zufriedenheit und ein angenehmes Miteinander.

Im Juli 2021 sind wir als „Pioniere" nach Schweden zu unserem unbekannten Mietshaus gereist. Unsere WG - Familie kam erst im August nach, da sie „jobtechnisch" nicht eher gehen konnten.

Es war fortwährend wie bei unserem ersten Treffen: Wir waren einfach auf einer Wellenlänge. Das gemeinsame Leben, trotz der kurzen Zeit, fühlte sich bereits sehr vertraut an. Ich, für meinen Teil, glaube fest daran, dass wir mit unserer lieben WG-Familie übernatürlich gesegnet wurden. Dafür bin ich sehr dankbar!
Es ist wahrlich nicht leicht, ein konstantes, friedvolles Miteinander zu gestalten. Man kennt es aus den eigenen Familien. Es gibt immer wieder mal brenzlige Situationen oder emotionale Tiefschläge.

Nadja, unsere „WG-Mama und Schwester" hatte diese besondere Eigenschaft der emotionalen Balance. Egal, welche Stimmung präsent war: mit Charme, Humor und Empathie konnte sie Feuer löschen, Tränen trocknen und ebenso Grenzen setzen. Und das alles keineswegs aus einer überheblichen oder bossy-mäßigen Art. Sie war strukturiert und durchorganisiert. In meinen Augen ist Planung der Gamechanger für ein effektives und positives Miteinander.
Wir hatten nicht nur einen wöchentlichen Essens- und Putzplan, sondern sie schlug auch regelmäßige Supervisionen vor, bei denen jeder zu Wort kam und seine Gefühle und Gedanken teilen konnte. In den meisten Fällen schafften wir es wertfrei und positiv auf jedes Anliegen einzugehen. Es war aber eben auch ein Wollen und

Vollbringen unseres inneren Anspruches eines funktionierenden Miteinanders. Uns allen war daran gelegen, eine gute gemeinsame Zeit zu erleben. Und genau das ist uns gelungen.

Auch der Alltag hatte ohnehin schon eine praktische Struktur. Die Kinder gingen morgens aus dem Haus zum Schulbus und kamen erst am Nachmittag wieder heim. Christian arbeitete am Computer in seinem Home-Office-Zimmer, Nadja war in der Sprachschule, während ich schon vor allen anderen morgens mit Vio zum Stall fuhr und auch erst gegen halb 10 wiederkam.

Mein Alltag bestand daraus die Pferde zu versorgen, Vio zu stillen und abzuhalten, je nach Putz- oder Essensplan meine Aufgaben zu erledigen und eben Vio zu betreuen. Rückblickend frage ich mich manchmal, weshalb ich keine Zeit für den Sprachkurs fand, was ich überhaupt so den lieben langen Tag getrieben habe. Ich glaube, dass es vielen Müttern in der Elternzeit so geht. Besonders, wenn die Kinder unter drei Jahre alt sind. Vio und ich haben eine enge Verbindung und ich lebe den artgerechten Grundgedanken babygeleitet zu betreuen. Es kostet definitiv viel Energie und Zeit, aber es lohnt sich! Auf ihre Bedürfnisse einzugehen und alles andere oftmals stehenzulassen, verlangsamt den alltäglichen Prozess, schenkt im Gegenzug viel kindliche Zufriedenheit und ein hohes Selbstwertgefühl. Sie ist viel schneller eigenständig geworden und ist mutig Neues auszuprobieren und vor allem dranzubleiben.

Gleiches konnten wir bei den großen Kindern beobachten. Durch die Auswanderung wurden sie ins eiskalte Wasser geworfen: Fremde in der neuen Umgebung mit einer völlig neuen Sprache, die Übernahme von Haushaltsaufgaben, dem Leben miteinander in der Konstellation zweier Familien. Früher fiel es Noam schwer, bei neuen Begegnungen zu grüßen oder eine Konversation zu führen. Das ist

Schnee von gestern. Auch sind wir alle viel geduldiger miteinander geworden. Wir warten länger ab, bevor es zu Urteilen kommt, wir überdenken unsere Einstellungen und es herrscht ein besseres Gleichgewicht der Gefühle.

Alle Gefühle sind erlaubt, finden Raum. Wir sind mehr im Inneren, als im Außen.

Sicher haben der kalte Winter und die lange Dunkelheit mit dazu geführt, sich mehr miteinander zu beschäftigen, mit den Details des Lebens, des Inneren. Auch hat das WG-Leben neue Facetten in unseren Alltag gebracht. Es kostete uns Mut, diesen Schritt zu gehen und der Mut wurde extrem belohnt.

Diese WG-Erfahrung wird uns immer in wundervoller Erinnerung bleiben. Sie hat uns geprägt und für zukünftige Entscheidungen und Lebenswege ermächtigt.

Schwedenkrimi

Es war eine der ersten Nächte in unserer zukünftigen Wohngemeinschaftskonstellation. Waldemar, Nadjas Mann, war gerade zurück nach Deutschland gereist, wir hatten uns alle soweit in den Räumlichkeiten eingefunden und begannen uns besser kennenzulernen. Im Untergeschoss hatten die Kinder ihre Zimmer, im Obergeschoss schlief Nadja im hinteren Raum, Christian direkt neben ihrem Zimmer und Violetta und ich im gegenüberliegenden Raum. Flora, die kleine Hündin von Nadja, schlief unten bei ihrer Tochter Evelyn, während unser Buddy oben im Esszimmer, vor der Balkontür, sein Körbchen hatte. Es war ein Freitagabend, gegen 23:30 Uhr, alle waren bereits im Bett. Nur ich konnte noch nicht schlafen. Erst war ich noch länger am Laptop, dann ging ich zu Vio und versuchte einzuschlafen. Kurz vorm Einnicken hört ich Buddy anschlagen. Sein klassisches Bellen, wenn er etwas hörte, unterschied sich von anderen Lauten. Mir lief es eiskalt den Rücken runter. WARUM meldete er sich? Leise schlich ich mich zu ihm und beobachtete sein Verhalten. Er starrte zur Tür hinaus. Ich vermutete Wildtiere, welche draußen am Haus in den Wald gingen oder vielleicht auch durch unseren Garten. Kurz kam mir der Gedanke, ihn rauszuschicken, aber ich wollte ihn jetzt nicht Rehwild jagen lassen und hinterher noch suchen müssen. Also streichelte ich ihm sanft über den Kopf und bat ihn, sich zu beruhigen und doch bitte weiterzuschlafen.

Ich kann die Zeit schlecht einschätzen, aber es muss ungefähr 15 Minuten später gewesen sein, da hörte ich Christian ganz laut schreien. So, als würde er jemanden verjagen wollen. Ich saß kerzengerade im Bett. Was zum Kuckuck war da draußen los? Leicht panisch sprang ich raus, über den Flur in Christians Zimmer. Er lag im Bett und wurde gerade wach. Er faselte irgendetwas von einem komischen Traum. Ich fragte, ob alles okay sei, dass ich ihn hab schreien hören. Ja, es wäre alles gut, nur ein schlechter Traum, in dem er wohl geschrien hatte. Auch berichtete ich ihm von Buddy's Bellen, von vor wenigen Minuten und gedacht zu haben, dass draußen jemand gewesen sei und dass Christian deshalb so schrie. Nein, es war alles in Ordnung.

Mitten im Gespräch hämmerte es plötzlich laut unten an der Haustür. Ich kann mich nicht erinnern, mich jemals in meinem Leben so erschrocken zu haben. Es war fürchterlich. Christian sprang aus dem Bett, zog sich die Jogginghose an, rief gleichzeitig Buddy und rannte mit ihm zur Haustür. Nadja war inzwischen auch wach geworden, und wir folgten Christians Auftrag, alle Fenster und Türen zu kontrollieren und gegebenenfalls zu schließen. Panisch liefen wir durch das Haus, kontrollierten alle Zimmer, die Kinder und ob irgendwelche Fenster oder Türen bereits zerstört worden waren. Doch nichts. Die Kinder schliefen, die Türen und Fenster waren unversehrt und geschlossen. Wieder im Obergeschoss angekommen, bewaffnete ich mich mit einem langen Küchenmesser. Fragt mich nicht weshalb, es war eine absolute Kurzschlussreaktion.

Christian kam nach kurzer Zeit wieder und nahm mir erstmal das Messer ab. Er erzählte, dass er beim Verlassen des Hauses noch den Fuß von jemandem um die Ecke verschwinden und kurz darauf zwei Autos mit aufheulenden Motoren schnell wegfahren sah. Wir hatten keine Ahnung, was diese Leute von uns wollten, was ihre Absicht war, an unsere Tür zu hämmern. Es konnte sich auch um einen Jugendstreich gehandelt haben. Doch waren wir gerade mal acht Wochen im neuen Land, in einem Dorf, das wir nicht kannten, und vor unserer Haustür standen ausschließlich unsere Autos mit deutschen Kennzeichen. Es war uns wirklich mulmig zumute. Das vorherige Anschlagen von Buddy erklärte sich nun auch. Die Fremden hatten schon versucht über die Veranda ins Haus zu gelangen oder waren zumindest um das Haus herumgeschlichen.

Christian plante im gegenüberliegenden Straßengraben zu warten, denn er ging davon aus, dass sie wiederkommen würden. Wir sollten derweil im Haus versteckt bleiben, natürlich alle Türen abschließen und die Lichter auslassen. Sollten sie versuchen in unser Haus einzudringen, würde er sie schon davon abhalten.

Es vergingen ungefähr 30 bis 50 Minuten, und Christians Vermutung bewahrheitete sich. Sie kamen wieder, beide Autos. Doch sie hielten nicht an, sondern donnerten am Haus vorbei. Christian lag bewaffnet mit Stock und Stein im Graben, ihr Glück, dass sie nicht ausgestiegen waren. Wir wussten nicht, wie weit es kommen würde, doch aufgrund unseres Urinstinkts hatten wir uns auf eine mögliche Verteidigung vorbereitet.

Die Nacht verging ohne weitere Vorfälle, doch der Schock saß noch tief. Bis heute wissen wir weder wer es war noch weshalb sie gegen die Tür gehämmert haben. Wir verbuchten den Vorfall unter Jugendstreich und haben nie wieder eine ähnliche Erfahrung machen müssen.

Erschöpfung

Tagebucheintrag vom 20.01.2022

Ich liege mit zwei warmen Decken eingemummelt im Bett.

Violetta, Buddy und Oma gehen spazieren. Sie haben Noam vom Bus abgefangen und nehmen ihn mit. Die Sonne lässt die Schneereste und das darunter liegende Eis glitzern. Windböen pfeifen stark aus Nord-Nord-West mit bis zu 60km/h. Eigentlich sind es real warme -2°C, — gefühlte -10°C.

Den Kids macht das nix. Der Oma auch nicht, solange die Sonne den letzten sichtbaren Rest Haut, das Gesicht, wärmt. Ganz nach dem Motto: Es gibt kein schlechtes Wetter, nur schlechte Kleidung. So leben es die Kids und auch die Oma.

Mir selbst geht es heute nicht so gut. Es liegt nicht am Wetter, das ist fein. Vielmehr habe ich das Gefühl zu wenig getrunken, zu wenig geschlafen und zu wenig gegessen zu haben. Das mit dem Hunger ist mir das größte Rätsel. Ich kann essen so viel und was ich will, spätestens nach 30 Minuten knurrt mir wieder der Magen. Was soll sowas? Wir haben hier einen echt super funktionierenden „Futterplan". Nadja und ich kochen jeweils 3 x pro Woche und am Samstag ist Evelyns Küchentag. Sie verwöhnt uns dann nach Strich und Faden. Meist gibt es Kartoffelauflauf und am Nachmittag noch einen Schokokuchen oder ein zuckerfreies Bananenbrot. Sie nimmt auch die weiteren Tätigkeiten ernst: saugt und räumt auf. Sicherlich: jeder von uns hat mal geschludert oder seine Aufgaben verpeilt. Es wurden auch mal Tage getauscht. Im Großen und Ganzen läuft es nach Absprache und wenn nicht, helfen wir uns gegenseitig.

Nadja würde jetzt sagen: „viele Hände, schnelles Ende." Diese Unterstützung spüre ich enorm. Besonders dann, wenn es mir mal nicht so gut geht. Einmal war ich sehr krank und konnte keine Aufgaben übernehmen, geschweige denn meine persönlichen Tätigkeiten wie Pferde versorgen und auf Violetta aufpassen wahrnehmen. Es ist dann jeder einzelne der WG kommentarlos eingesprungen und hat für ein laufendes System gesorgt. Wir haben hier definitiv mehr Hände als bisher und das fällt auf. Dafür bin ich sehr, sehr dankbar. Insbesondere an Tagen wie diesen, an denen ich mich schlapp fühle. Heute muss zwar niemand meine Küchenaufgabe in dem Sinne übernehmen, denn gekocht habe ich bereits. Aber allein die Tatsache, dass Oma jetzt mit den Kids an der frischen Luft ist, hilft mir enorm. Psychisch. Jetzt fühle ich primär das Problem des Hungers.

Heute habe ich eine Asia-Nudel-Gemüsepfanne zubereitet. Vielleicht liegt es an den Kohlenhydraten. I don't know. Langsam werden meine Augen auch immer kleiner, eine Pause wird unumgänglich...

Echte Verbindungen

„Meine Schwester"

Es ist einer der Abende, in der ich vor den Kriebelmücken ins Haus flüchtete, eigentlich noch so viele Pläne hatte, aber nun doch in einer Art Youtube-Falle hängengeblieben bin.

Ich schaue mir ein Video von unserem Freund aus dem Dorf an, wie er von seinen Hühnern berichtet. Dabei muss ich an verschiedene Situationen mit ihm denken, besonders an die gestrige und an seinen Charakter, sein Lachen, sein Herz, seine Eigenarten.

Mir fallen die Worte „meiner Schwester" Nadja ein. Sie ist irgendwie wirklich wie eine große Schwester für mich. Besonders rückblickend gab sie mir so viel Halt und Liebe, Kraft und Kampfgeist weiterzumachen, egal bei was, was mir sonst manchmal schwerer fiel. Oder auch in Zeiten, in denen sonst niemand so richtig da war. (Natürlich ist mein Mann **immer** da. Und auch meine Familie und Freunde, egal wie weit entfernt, könnte ich jederzeit „einschalten". Aber es ist was anderes. Es ist...) Sie ist. Meine Nadja. Meine „große Schwester", mit der ich neun Monate unter einem Dach lebte, liebte und lachte. Und weil sie die einzige Person ist, die mir spontan einfällt. Auch nach längerem Nachdenken kenne ich keine weitere, die nie auch nur ein schlechtes Wort über Andere, über mich, oder sonst wen verlor. Deshalb hat sie diesen besonderen Zauber. Den hat sie bestimmt auch noch aus anderen Gründen, doch das ist etwas, was sich bei mir persönlich eingebrannt hat. Stets loyal. Ehrlich. Eloquent und empathisch. Ich weiß, dass auch sie ihre Kämpfe hat(te). Dass es auch für sie nicht immer leicht war... und es sicherlich auch nicht stets einfach war mit meiner Familie und mir unter einem Dach zu wohnen, entfernt von ihrem Ehemann, in einem fremden Land mit dieser, ja meiner, Familie und ihren Kindern. Und unseren Hunden. Ihrem und unserem. Aber sie behielt die Contenance.

Manchmal konnte ich spüren, dass es ihr nicht gut ging. Es gab Situationen, in denen sie sich unwohl fühlte, anderer Meinung war und auch einfach mal am „gefühlten Limit".

Aber sie versuchte es mich nicht spüren zu lassen. Sie blieb stark. Auch wenn ich jetzt sage (und es damals auch gesagt hätte), dass sie sich fallen lassen kann und auch mal aus der Reihe tanzen darf! Ich empfinde es sogar als menschlich, gesund, befreiend einfach mal „abzuflippen". Dennoch glaube ich, dass ihre Contenance dazu führte, dass alles so harmonisch geblieben ist.

Ich kann mich an wirklich nur sehr, sehr wenige Situationen erinnern, wo sich ihr Tonfall mir gegenüber etwas angreifend veränderte, aber ich weiß auch, dass es berechtigt war **und** sie hormonell angeschlagen war **und** ich meistens auch. Die Kombi, dass wir beide gleichzeitiger PMS – Situation ausgeliefert sind, mit Kids, Mann und Alltag drumherum, ist schon grenzwertig. Und ich glaube, da sollte man nicht alles so auf die Goldwaage legen. Es ist für mich wie ein blasser Film, kaum präsent. Die vergangenen Gefühle in den jeweiligen Situationen sind nur schwer einsehbar und deshalb für mich wirklich nicht von Relevanz. Das, was sich für mich eingebrannt hat, das zählt. Und das ist das Folgende: Nadja stand ein, für jeden von uns.

Sie war wie eine Löwin, die für ihre Familie und ihre Freiheit kämpfte.

Und das macht sie auch heute noch.

Sie verkörpert das Feine mit dem Starken in einer Eleganz, mit Witz und Charme und Sympathie der Grenzenlosigkeit. Sie denkt, reflektiert, erneuert, baut auf und hört nicht auf für eine höhere

Lebensqualität zu leben. Ich habe so unfassbar viel gelernt in den vergangenen Monaten und einiges davon habe ich meiner großen Schwester Nadja zu verdanken. Da ist das Borsch-Rezept nur eine Kleinigkeit nebst so vielen weiteren Dingen. Mehr den Inneren als den optisch Sichtbaren. Und das ist es ja gerade, was es so wertvoll und besonders für mich macht. Von innen nach außen. So läuft es doch. Was für ein Glück, solch' eine zauberhafte Schwester mit ihrer wundervollen Familie bei sich haben zu dürfen.
Danke!

4

Der Ursprung der Sehnsucht

oder auch:

Resümee von vier Wochen in Schweden

Tagebucheintrag vom 07.08.2021

Vier Wochen Schweden, auf den Tag genau. Es ist wie im alten Leben — Alltag voll, Gedanken kreisen, Ideen sprießen, Emotionen nehmen ihren Lauf und die Tagebucheinträge werden rar. Es gäbe so vieles zu sagen, zu erzählen, und dennoch verstummt der Gedanke. Ich versuche es zu bündeln —

Was bisher geschah:
Eine gute Woche hat es gedauert, bis das Heimweh nicht mehr zu Tode schmerzte und der Körper sich von den vorangegangenen Strapazen regenerierte.

Zwei Wochen bis zum ersten Eisprung nach der Schwangerschaft. Für mich ein krasses Ereignis, wenn man bedenkt, dass ich zehn Monate lang keine Menstruation hatte, dank intensiver Stillzeit.
Drei Wochen, bis wir das erste Mal innerhalb Schwedens gereist sind und auf einem Campingplatz mehrere andere Familien aus der Aussteiger-Community trafen. Wir feilten gemeinsam an möglichen Optionen einer großen Wohngemeinschaft, um uns unabhängig vom

System zu machen. Es waren interessante und klärende Gespräche, aber auch beunruhigende Situationen, die uns schnell zu dem Entschluss kommen ließen, die Gruppe der potentiellen WG nicht zu groß werden zu lassen und auf dem Boden der Tatsachen zu bleiben. Jene, die uns das Gefühl von Sicherheit und Vertrauen gaben.

Die vierte Woche wurde von prä-menstruellen Verwirbelungen[7] und einer ersten „Schwedenhaus"-Besichtigung geprägt. Also, diese hormonellen Schwankungen hatte ich wirklich nicht vermisst! Mit welcher Leichtigkeit ich die letzten Monate ohne PMS und Regelblutungen durchs Leben ging — herrlich!

Naja, soweit so gut.
Ebenso gab es in der letzten Woche familiären Zuwachs in Form einer weiteren deutschen Familie, auf der Flucht vor dem deutschen Schul-Corona-Regime.

Insgesamt geht es uns gut. Natürlich gibt es auch immer noch Heimweh, besonders beim Nachdenken. Bilder von den Pferden kann ich nicht ansehen. Beim Video-Call mit meiner Mama drücken die Tränen, und bei den Gedanken an die Vergangenheit fangen sie an zu kullern. Ich vermisse das alte Leben. So sehr ich nach einem Tapetenwechsel geschaut und immer etwas zu meckern gefunden hatte, so sehr weiß ich nun unser altes Leben in Porta zu schätzen. Die deutsche Bauweise, der zumindest subjektiv betrachtet, leichte Alltag und die häufigen Essensbestellungen — *an dieser Stelle gehen Credits an Pizza Pasquale & LekkerKrekker-Burger—*, sowie

---

[7] Apropos Menstruation und Hormone. Ich habe hierzu und zu einigen weiteren Themen rund um die Geburt Ratgeber geschrieben: www.birthsite.net

die regelmäßigen Spontan-Besuche unserer lieben Freunde — unsere Tür stand immer offen, meist die Terrassentür — und sie kamen und gingen, wie sie wollten. Selbst die lange Fahrstrecke zum Stall fehlt mir, die Zeit mit meinen Pferden. Allein der Gedanke daran, wie ihr Fell duftet und sie sanft mit ihren Nüstern in mein Gesicht schnauben, schmerzt so unerträglich.

Und dann der eigentliche Wahnsinn. Das Leben seit der Corona-Politik lässt uns keinen Weg zurück. Ich habe Heimweh, aber ich will nicht zurück. Mir sträuben sich die Nackenhaare, wenn ich an das Leben dort, seit März 2020, denke. All das, was ich vermisse, sind die emotionalen Bindungen zu Freunden und zur Familie und das Leben vor 2020. Es ist keine Besserung in Sicht, im Gegenteil. Wir sind unfassbar froh und dankbar in Schweden sein zu können. Dieser Schritt war genau der Richtige. Wir riechen die Freiheit, wir spüren sie. Wir sind raus aus der Komfortzone, ja. Definitiv! Hier ist es so anders, aber gut. Hier lernen wir zu leben.

Die vergangenen Wochen haben viel von uns abverlangt. Im Grunde die vergangenen Jahre. Und dieser Schritt war wahrlich nicht der bequemste. Auch wenn der ein oder andere unsere Entscheidung als ein Weglaufen betrachtet. Für uns ist er ein konsequenter Schritt in ein selbstbestimmtes Leben. Und nicht nur das: auch in ein bewusstes Leben. Ein Schritt in ein nachhaltiges, emotional-reales, spürbares und naturverbundenes Leben. Das alles kam als Beilage zur Flucht vor den politischen Entscheidungen hinzu.

Waldliebe

Ja, ich war schon immer in den Wald verliebt. Ich bin als Kind im Kreise von Jägern groß geworden. Meine Familie hatte eine Hütte im hessischen Wald, mit Plumpsklo und Wasser aus Kanistern vom Bauern. Wir waren sowohl dort, als auch mit den Pferden viel in der Natur unterwegs. Es hat mir immer ein Gefühl von zuhause gegeben. Ich hatte nie Angst vor Tieren, die mir dort begegnen könnten. Meine Angst galt dem Bösen im Menschen oder im Übernatürlichen. Aber nicht der Natur. Ich sprach mit den Waldtieren, warnte Meister Lampe, wenn seine Schonzeit vorüber war und wartete geduldig auf der sogenannten „Herzchen-Kanzel" oder im „Salzborn", bis sich Hase und Fuchs Gute Nacht sagen würden. Diese kindliche Fantasie durfte ich dort ausleben, spüren und an mancher Stelle auch sehr intensivieren.

Ich lebte in meiner eigenen Welt.

Wir malten unsere Ponys an und spielten Cowboy und Indianer. Ich umarmte Bäume, küsste Gänseblümchen. Ich war ich. Mit all meinem Sein. In der Natur. Für diese Möglichkeit des Lebens bin ich meiner Familie sehr dankbar. An dieser Stelle große Umarmung an meine Mutter und meine Tante Mechthild, die mich das Beobachten und Innehalten lehrten. Und High Five an meine Freundinnen Miriam und Henriette, mit denen ich die meiste Zeit dort gemeinsam verbracht habe. Was für eine abenteuerlustige Kindheit wir dort hatten. Ich bin davon überzeugt, dass diese Art von Kindheitserlebnissen mich geprägt und eine tiefe Sehnsucht nach Mutter Erde verankert haben. Nach einem Leben im Gleichgewicht mit der Natur.

Die Sehnsucht in meinem Herzen nach einem natürlichen Leben, dem Leben mit der Natur, in Freiheit, ist wie ein unauslöschliches Feuer, welches in mir brennt. Es ist ein Ruf nach den Wurzeln meiner Kindheit, nach dem Geruch von Moos und Erde, nach dem Klang von Blättern im Wind und dem Rascheln von Tieren im Gebüsch. Ich sehne mich nach dem simplen Glück, dass ich in der Natur gefunden habe, nach dem Gefühl von Zugehörigkeit zu etwas Größerem, nach dem inneren Frieden. In meinen Träumen streife ich durch die Wälder, lausche dem Zwitschern der Vögel und spüre die Kraft der Bäume. Die Sehnsucht treibt mich an, mein Leben bewusster zu gestalten, im Einklang mit der Natur zu leben und die Schönheit der Welt um mich herum zu schätzen. Es ist eine Reise zu meinen Wurzeln, zu dem, was für mich wirklich zählt im Leben: die Verbundenheit mit der Natur und die Freiheit, die sie uns schenkt.

Es ist nun 01:17 Uhr, ich schließe die Seiten. Gleich ist ein neuer Tag.

5

Mein Leben mit den Pferden

Die Heilung meines Heimwehs

Alles begann am 14.08.2021

Ein unfassbarer Aufschwung an guter Laune und aufblühendem Herzen brachte dieser Tag mit sich. Chri kam rein, während ich stillte und versuchte Vio weiter in den Schlaf zu wiegen. Eigentlich ein absolutes Tabu während dieser sensiblen Phase ins Zimmer zu kommen. Eigentlich hätte er einen scharfen Blick geerntet. Eigentlich könnte ich diese Strenge aber generell mal lassen. Naja. Jedenfalls war es diesmal eigentlich genau richtig. Er sah einen goldenen Pferdetransporter in eine unserer Nebenstraßen abbiegen. Jenen, welchen wir die letzten Tage schon häufiger in der Gegend sahen.

Er schlug vor, Vio fix zu übernehmen, sodass ich hinterherfahren könne, auf der Suche nach einem Plätzchen für unsere Pferde. Das wollte ich sowieso schon längst getan haben, es kam aber die letzten Tage einiges dazwischen; wie zum Beispiel ein erster Schulbesuch, dazu später mehr.

Zügig fuhr ich mit dem Mountainbike den Weg entlang, folgte dem Transporter und fand Narvgården: Kopparberg's Reitverein. Es wurden direkt Möglichkeiten sichtbar die Pferde unterbringen zu können. Offenstall — Haltung. Nette Leute, günstig im Preis. Ein

Glücksgefühl durchfuhr meinen Körper. Es folgten einige Tage mit Überlegungen, Fragen, Kontakte knüpfen und einer Zusage meinerseits. Auch ein weiterer Besuch am Stall, um Details zu klären, es schien alles perfekt. Wurmkuren waren bekannt, zuvor werden sogar regulär zwei bis dreimal jährlich Kotproben eingesandt.[8] Die Impfung gegen Influenza wird einmal jährlich gegeben, sonst nichts weiter verpflichtend. Die Weiden werden kooperativ alle vier Wochen abgeäppelt[9], ein Reitplatz ist vorhanden und die große Halle gegen eine kleine Gebühr nutzbar. Hufschmied - Termine sind alle sechs Wochen gemeinschaftlich buchbar, es wird Silage anstelle von Heu zum Standardpreis verkauft. Sogar auf meinen Wunsch die Pferde auf der Wiese nicht zu füttern (um Futterneid - Kämpfe zu vermeiden) wurde eingegangen und berücksichtigt. Und das ganze nur zwei Minuten mit dem Fahrrad entfernt. Das neue Lebensabenteuer zum Greifen nah. Mega Meilenstein!

Dann die ernüchternde Erkenntnis: Aufgrund eines sprachlichen Missverständnisses (zwischen Schwedisch, Englisch und Deutsch) war mir nicht bewusst, dass eins der drei fremden Pferde auf der Weide Hufeisen trug — vier Stück an der Zahl.
Das ist für uns absolut inakzeptabel für eine Zusammenstellung. Pferdekenner kennen die Gefahren, die die Zusammenführung fremder Pferde mit sich bringt, insbesondere wenn diese Hufeisen tragen. Schläge (mit Hufeisen) können schwerwiegende

---

[8] In Schweden ist es verpflichtend regelmäßige Kotproben einzusenden, vor Verabreichung der Wurmkur. Sie ist verschreibungspflichtig und in Tierapotheken oder direkt beim Tierarzt erhältlich.

[9] Abäppeln = Pferdekot einsammeln

Verletzungen verursachen. Mein Herz stockte. Ich hatte bereits zugesagt. Wie sollte ich mich aus dieser Situation wieder herauswinden? Oder war sie vielleicht veränderbar? Was hat es mit diesem Schicksal auf sich? Es schien doch alles so perfekt! So pferdegerecht und so nah! Ich könnte die Besitzerin bitten, die hinteren Eisen abnehmen zu lassen für die ersten entscheidenden Wochen. Vielleicht sechs. Oder besser zwölf. Nach drei Monaten hat sich in der Regel eine Pferdeherde neu sortiert. Die Rangkämpfe sind dann ausgefochten und alles wird ruhiger. Kann man so etwas fragen? Eine solche Frage kann indirekt auch als Forderung interpretiert werden ... das ist doch viel zu krass, besonders als Neue am Stall?! Und was ist, wenn es doch noch zu einer Auseinandersetzung zwischen den Pferden kommt? Nichts Genaues weiß man nicht. Ach, alles Mist. Alles Quatsch. Viele Eventualitäten schwirrten mir im Kopf herum. Ich wollte mich auch nicht anstellen und wieder die Empfindliche sein. Diejenige, die eine Extrawurst braucht.

Nach einem kurzen Telefonat mit meiner Mutter war klar: keine Diskussion, keine weiteren Überlegungen. Ich sage ab. Für meinen Mann eine übertriebene Haltung. Angst geprägt. Vielleicht auch durch meine Mutter beeinflusst?! In seinen Augen jedenfalls unverständlich. Vermutlich war es die Enttäuschung, dass es nicht geklappt hat oder die Misere der Stallsuche in die nächste Runde ging. Ich fühlte mich nicht ernst genommen. Vielleicht hatte er ja recht und es wäre nichts passiert und wir trafen unsere Entscheidung angstgesteuert. Für mich war es das Resümee jahrelanger Erfahrungen, dem Wissen im Kopf und dem Herzgefühl im Bauch. Ich könnte mit den negativen Folgen der Entscheidung nicht leben, genauso wenig wie mit den Folgen der Maßnahmen der Covid-19 Politik.

Wir sind nach Schweden gegangen, auch gewissermaßen angstgesteuert. Aus Angst, man würde uns unsere Kinder wegnehmen. Aus Angst, das Recht auf Freiheit und Selbstbestimmung opfern zu müssen.

Ich sage oft: Angst ist ein schlechter Ratgeber. Angst ist aber auch natürlich, ein Urinstinkt. Ich denke, es kommt darauf an, in welcher Kombination wir der Angst folgen. Haben wir ein dazugehöriges Bauchgefühl? Haben wir fundiertes Wissen über die etwaige Situation? Können wir informiert Entscheidungen treffen? Wenn ja, dann sollten wir es tun. Für die Wahrheit. Für die Freiheit. Für uns.

Wenn sich eine Tür schließt, öffnet sich eine andere.

Ein schöner Postkartenspruch der so viel Wahrheit enthält.

Wir fanden einen anderen Stall. Auch mit dem Fahrrad erreichbar, mit einem noch besseren Preis - Leistungsverhältnis und der Möglichkeit die Pferde tagsüber ohne andere Pferde in einem Paddock zu halten. Also keine Verletzungsgefahren durch Fremdeinwirkung. Richtig schön für mein Bauchgefühl. So konnte ich die Angst gehen lassen. Zumindest vorerst.

Ein Pferdeumzug mit einer Wegstrecke von ca. 1200 km muss gut geplant sein. Würde ich die Angst mein Leben bestimmen lassen, hätte ich es womöglich nie gewagt. Pferde sind schreckhafte, sensible Tiere, bei denen körperliche Verletzungen schnell zu langwierigen Problemen oder sogar zum Tod führen können. Meiner Ansicht nach erfordert es eine Menge Training und eine ordentliche Portion Mut, Pferde auf Reisen zu schicken. Training hatten wir nur wenig, dafür aber umso mehr Mut. Ich engagierte eine Spezialfirma, die sich ausschließlich mit dem Transport dieser, für mich sehr kostbaren Tiere beschäftigte. Ausschließlich ist nicht ganz richtig, denn sie waren auch „Pferdeleute", und brachten somit die nötige Erfahrung im Umgang mit Pferden mit. Außerdem hinterließen sie einen fürsorglichen und emphatischen Eindruck. Sie erschienen wie Menschen, die pferdgerecht agierten.

An dieser Stelle unbezahlte Werbung für Skipy on Tour. Mehr über den Transport und die Auswanderung mit Pferden könnt ihr im YouTube - Video auf dem Freiheitsleben - Kanal ansehen. Ich habe es Euch im Anhang verlinkt.

Das Ankommen unserer Pferde in Schweden war unfassbar aufregend für mich. Wir waren den Tag zuvor auf einer 80er Jahre Party im Kreise deutscher Auswanderer, mitten im Wald. Mein letztes Mal ausschlafen, bevor sich mein Leben ändern würde. Also, wenn man das Ausschlafen mit 11 Monate jungem Stillkind im Bett nennen kann. Alles fühlte sich plötzlich so vergänglich an. Ich ahnte, welche Veränderung bevorstand, ich wollte diese Veränderung, doch ich hatte keine Ahnung, was es wirklich kosten würde.

Angedacht war eine Transportzeit von 15 Stunden. Aus 15 Stunden wurden 18 Stunden, dann 20 und wirklich angekommen sind sie erst nach 22 Stunden. Muss ich erwähnen wie nervös und besorgt ich war? Ich denke nicht. Die Zeitverzögerung wurde mit dem Verpassen der Fähre erklärt, doch irgendwie machte das alles keinen Sinn. Wir vermuteten, dass die Fahrer, sie waren zu zweit, zu müde wurden und längere Pausen machten, was ja vollkommen verständlich wäre, wenn es so kommuniziert worden wäre. Aber: ich habe nicht nachgefragt. Es sind reine Vermutungen meinerseits. Ich war einfach froh, dass sie endlich im Morgengrauen, es war gegen 6 Uhr, ankamen und beide Pferde wohlauf waren. Erschrocken hat mich die

Tatsache, dass der Transporter beim Abstellen des Motors mucksmäuschenstill war. Ich kannte es von Pferden, eben auch von meinen, dass sie sich beim Anhalten oder besonders beim Ankommen bewegten und man Hufgetrappel vernehmen konnte. Manchmal auch ein Schnauben oder Wiehern. Dem war nicht so. Sie waren ruhig, keine Bewegung. Auch beim Öffnen der Klappe rührten sie sich kaum. Die Reise muss sehr, sehr, sehr anstrengend gewesen sein. Vielleicht resignierten sie auch aufgrund der Dauer. Sie hatten ja keine Ahnung, wohin die Reise gehen würde. Sie waren nie länger als zwei Stunden am Stück Anhänger gefahren. Diese 22 Stunden mussten wirklich eine harte Nummer für sie gewesen sein. Wenn ich länger darüber nachdenke, erdrücken mich schwere Schuldgefühle sie in diese Situation manövriert zu haben. Das ist so eine Nummer aus dem Kapitel eines Erwachsenenleben: Verantwortungsträgerin sein, Entscheidungen fällen über das Leben anderer. Puh. Das gehört in jedem Fall nicht in mein liebstes Aufgabengebiet.

Wie dem auch sei, die Entscheidungen waren gefallen, die Pferde aus dem Transporter gepurzelt. Es hat sie sage und schreibe drei Monate gekostet, sich so richtig einzugewöhnen. Bei Pferden nichts ungewöhnliches, wenn sie die Herde wechseln oder an neue Orte kommen. Sie sind Gewohnheitstiere, wie Beamte.
Die Reise überstanden sie ohne große Verletzungen. Annabell hatte lediglich ein leicht angeschwollenes rechtes Auge. Meiner Vermutung nach ist sie mit der Seite ans Gitter geknallt, als sie versuchte zu ihrer Mutter zu sehen oder ihr vielleicht den ein oder anderen Heuhalm zu mopsen. Das Auge erholte sich zügig.
Spannender war das neue Leben, unser neues Leben. Jeden Morgen zwischen 6.30 Uhr und 7:00 Uhr am Stall sein. Die Fahrt dorthin mit dem Fahrrad und Vio in der Trage auf dem Rücken. Bei Wind und

Wetter, Schnee und Eis. Die meiste Zeit in Dunkelheit. Jeden Abend dasselbe Spiel. Ich lernte unsere Pferde richtig gut kennen, wusste genau wie viele und zu welchen üblichen Zeiten sie Haufen machten, Pipi mussten und wie viele Liter Wasser sie tranken. Ich sah ihnen morgens genau an, wie die Nacht war und abends, wie sie den Tag so überstanden hatten. Wir wurden Freunde, also so richtige. Zumindest fühlte sich das für mich so an. Vielleicht war ich in ihren Augen auch einfach nur der Versorger, der Schlüssel zum Überleben.

Mit der Ankunft der Pferde verschwand die Härte des Heimwehs. Heimweh existierte plötzlich nicht mehr. Es war „futsch", wie weggeblasen. Ich hatte nun eine große, mir am Herzen liegende, Verantwortung erhalten und mein größtes Ziel war es, dieser Verantwortung mehr als gerecht zu werden. Ich gab 150% und ich genoss jeden Atem aus ihren großen, weichen Nüstern in meinem Gesicht. Wenn mir meine Pferde ins Ohr atmen, dann flüstern sie meinem Herzen zu: „Alles ist gut."

Der Geruch ihres Fells ist Heimat für mich.

Das Interview

Ivo, der uns mit seiner Familie bei unserer Ankunft in Schweden unterstützte, unterhielt einen YouTube Kanal, auf dem er unter anderem über das Leben in Schweden berichtete. Ihm kam die Idee, ein informatives Video von dem Reisetransport der Pferde zu erstellen. Deshalb kam er zu einem Interview mit an den Stall. In diesem Kapitel erzähle ich über meine Gefühle rund um das Interview und die Veröffentlichung des Videos. In den abschließenden Worten bei „Menschen unterstützen Menschen" findet ihr den Link zum Video.

Es ist bereits nach 22 Uhr, das Haus ist still und ich versuche es noch einmal. Ich habe das Video bereits mit der WG am Tag der Premiere und danach noch alleine im Bett angesehen. Aber jetzt wollte ich es noch einmal auf einem größeren Bildschirm am PC sehen. Ivo war am Stall gewesen und hatte mich bezüglich der Auswanderung unserer Pferde interviewt. Es war die zweite Aufnahme, da das erste Video in der Dämmerung eine zu schlechte Bildqualität hatte. Also trafen wir uns einige Wochen später noch einmal, dieses Mal zur Mittagszeit, als der Schnee ausreichend Licht bot.

Ich bin definitiv nicht auf den Mund gefallen, aber vor der Kamera zu sprechen... das ist anders. Ab und zu filme ich mich selbst für Instagram-Stories, da kann ich selbst schneiden und filtern, aber ich habe mich nie getraut, lange am Stück zu sprechen. Warum eigentlich? Und warum fange ich so komisch verlegen an zu grinsen, wenn ich mich so sehe und sprechen höre? Warum schwitze ich dann und es fühlt sich so komisch wie Fremdschämen an? Bin ich mir fremd?

Ich habe das Video nicht vor der Veröffentlichung gesehen. Meine Mutter nannte es „unweise“, sie hätte es an meiner Stelle vorher kontrolliert. Nun, ich bin der Meinung, dass ich weiß, was ich gesagt habe, mich dafür nicht schämen muss, und es weiß Gott nicht so schlecht geschnitten werden kann, dass es sich negativ für mich entwickelt. Naiv? Nein, manchmal bestimmt, aber diesmal nicht. Bei Ivo habe ich so ein Bauchgefühl. Ein Bauchgefühl, das mein Vertrauen bestätigt. Wir haben uns hier in Schweden kennengelernt und unsere Familien sind zusammengewachsen. Unsere Freundschaft entwickelte immer mehr Vertrautheit. Weshalb? Wir haben beide einen extrem großen Drang nach Selbstbestimmung und Freiheit. Frei zu sein und frei zu leben. Die Kinder frei und liebevoll aufwachsen zu lassen. Und das ist es, was wir hier versuchen zu realisieren und auch allen Interessierten mit auf den Weg geben wollen.

Während ich mich also wieder auf das Wesentliche fokussiere, auf das, was und wofür es ist – dieses Video über meine Pferde und ihre weite Reise in ein fremdes Land –, höre ich auf zu schwitzen, die Schultern entspannen sich und meine Gedanken relativieren sich. Wofür sollte ich mich schämen? Wovor habe ich Angst? Was soll das? Es ist ein Teil meiner Geschichte, etwas, was ich geschafft habe, was wichtig und richtig war, und dazu darf ich stehen. Zu allem, was ich sage oder tue. Jede Mimik oder Gestik, die mir als Perfektionist im Nachgang nicht zusagt – sie war richtig! Denn ich bin ein Mensch aus Fleisch und Blut, mit Emotionen, und daraus ergeben sich Reaktionen. Völlig normal! Völlig menschlich! Völlig ok!

Lasst uns wieder mehr „Mensch Sein“. Lasst uns lieben. Uns selbst. Und dann, dann können wir diese Liebe weitergeben und sie wird sich vermehren.

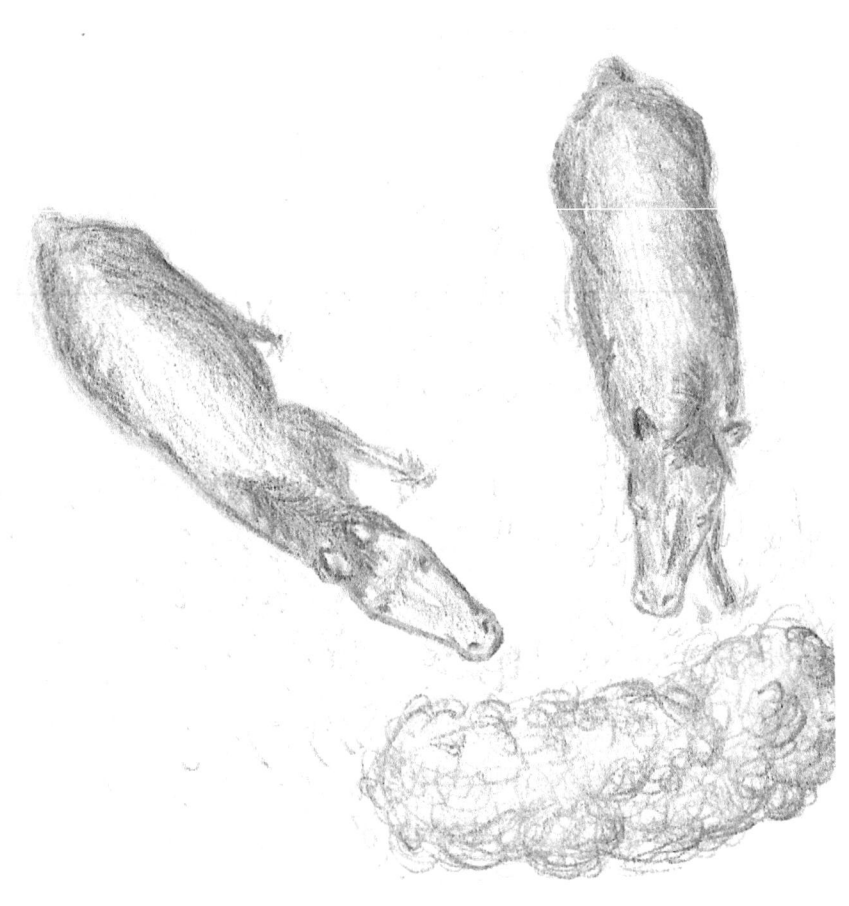

Energieaufwand bei eigenen Pferden

Tagebucheintrag vom 22.01.2022
Gedanken zur Investition in eigene Pferde

Seit unsere Pferde hier in Schweden leben, hat sich nicht nur unser Alltag verändert.

Mein Leben mit den Pferden ist nun eben ein echtes „ Leben mit den Pferden". Wobei, so ganz spüre ich es noch nicht. Es fehlt mir persönlich noch viel mehr Zeit mit ihnen, um es wirklich „mein Leben mit den Pferden" nennen zu können.

Aber für meinen Mann, ja, für ihn ist es, sagen wir, eine 180°-Wende. Etwas komplett anderes als sein vorheriges Leben.

Bei unserem Kennenlernen stand meine Stute Annabell auf dem Hof, auf dem sie auch geboren wurde.

Ihre Mutter, das Pferd meiner Mama, lebte ebenfalls dort. Wir waren auf diesem Hof schon viele, viele Jahre. Bis zum Transport nach Schweden waren es dann 18 Jahre Stallgemeinschaft in Silixen.

Jedenfalls hatten meine Mutter und ich unsere Pferde dort in „Vollpension". Die Hofbesitzer Heinz und Ute kümmerten sich um alle Pferde, um die Fütterung und das Ausmisten. Sie brachten alle Pferde auf die Paddocks und abends wieder in den Stall. Sie stellten zu den abgemachten Zeiten die Pferde in die Führanlage, organisierten die Wurmkuren und die tierärztlichen Termine zum Immunisieren mittels diverser Impfungen. Es gab Planungsgruppen für die Huforthopäden und auch verschiedene Kurse, zu denen man sich anmelden konnte.

Die einzige wirkliche Verpflichtung unsererseits war das Leisten der Bezahlung und der Spaßfaktor: Reiten.

Oder auch: Putzen, pflegen, spazieren gehen. Das machten wir nämlich irgendwie am liebsten.

Aber eben auch nicht jeden Tag, sondern eher so dreimal die Woche für eine beliebig lange oder kurze Zeit.

Die ein oder anderen Pferdeleute unter euch Lesern schütteln eventuell mit dem Kopf. Aber ja, so war das. Wir waren hauptsächlich zur Pflege am Hof, hatten keine großen Ambitionen, schon gar nicht mehr für den Turniersport. Ab und an kam ein Funke Ehrgeiz das Horsemanship-Training mehr auszubauen oder doch häufiger am Freispringen teilzunehmen. Meist endete all dies in einem Wald- und Wiesenausritt oder Spaziergang. Ganz die Devise: schön locker weg.

Ich möchte an dieser Stelle deutlich sagen, dass die Zeit auf dem Hof von Ute & Heinz eine der schönsten Pferdezeiten für uns war, und ich bin sicher, dass ich meine Mutter damit einschließen kann. Wir haben unsere Pferde gut versorgt gewusst, uns sicher gefühlt und die Unterstützung sehr, sehr geschätzt. Oft, wenn ich nicht weiterwusste, frage ich mich: Was würde Heinz wohl tun? Oder welchen Tipp hätte Ute jetzt? Sie waren wie Mentoren für mich und ich konnte viel aus der gemeinsamen Zeit mitnehmen.

Herzliches Dankeschön nach Silixen!

Wie viel Zeit kostete mich, also im Schnitt,
mein bisheriges Hobby ein eigenes Pferd zu besitzen?

Ich würde schätzen, inklusive der Fahrzeit zum Stall (ein Weg 23 Minuten) um die sechs bis acht Stunden pro Woche, gelegentlich etwas mehr. Und jetzt?

Nun, die Pferde stehen hier in Schweden in einem sogenannten Selbstversorgerstall. Mein finanzieller Beitrag steht für die Box und das Heu. Nicht zu vergessen die Einstreu, auf Schwedisch Kutterspån, und etwas Stroh[10].

Dieser Einsatz ist in Euros vergleichsweise gering, nicht aber in körperlicher Arbeit und Zeitinvestment.

In Deutschland habe ich 385,00 € monatlich für die Vollpension meines Pferdes bezahlt. Dazu gehörte auch die Nutzung der Führanlage dreimal pro Woche für jeweils 1,5 Stunden. Wurmkuren, Impfungen, Tierarzt, Hufschmied und etwaige andere Dinge waren davon ausgenommen.

Ich bin hier im schwedischen Selbstversorgerstall kostentechnisch bei 500 SEK für eine Box, 500 SEK pro Rundballen Heu (ein Großpferd frisst ca. einen Rundballen in vier Wochen) und umgerechnet auf einen Monat ca. 250 SEK Stroh. Da ich den Pferden bei der minderen Stallmiete ein besonders gutes Mineralfutter gönne, kommen nochmal 48,00 € Futterkosten pro Monat hinzu. Unterm Strich bedeutet das, nach Berücksichtigung des Wechselkurses, ca. 150,00 € monatlich pro Pferd.

Die Kosten für die Stute meiner Mutter werden von ihr getragen, für mich also ein gefühltes finanzielles Plus. Im Vergleich zu der Zeit, als die Pferde noch in Deutschland standen, sparen wir pro Pferd 135,00 € jeden Monat. Das sind aufs Jahr gerechnet 1620,00 €. Das muss man sich mal überlegen!

---

[10] I'm so happy! Ich konnte tatsächlich einen Farmer ausfindig machen, der mir Stroh verkauft, yay. In den letzten Jahren haben nämlich extrem trockene Sommer in Schweden zu einer erheblichen Reduzierung der Strohernte geführt.

Also: ein guter Deal die Pferde nach Schweden geholt zu haben?!

Nun, kommen wir zum zeitlichen Investment:

Varje dag[11], wie der Schwede zu pflegen sagt, **muss** ich morgens aufstehen, um die Pferde auf den Paddock zu bringen und ihnen Heu zu geben. In dem Zuge miste ich die Ställe, bereite das Futter für mittags und abends vor, wasche die Wasserbottiche aus, schleppe 60 Liter Wasser in den Stall und jeden zweiten Tag weitere 60 Liter Wasser auf den Paddock.

Das gesamte Programm bestreite ich mit unserer Tochter, aktuell 16 Monate alt, in der Trage auf dem Rücken. Gemeinsam steht sie morgens mit mir auf und wir fahren mit dem Fahrrad zehn Minuten die Straße hinunter bis zum Stall. Seit Oktober fahren wir im Dunkeln, seit Dezember auf Schnee und Eis. Anfänglich nutzten wir noch das Straßen-E-Bike meines Sohnes, welches mein Vater selbst gebaut und uns geschenkt hatte. Leider stürzten wir eines Tages bei Glätte und seither muss ich ohne Motor strampeln, auf meinem Mountainbike, welches einfach deutlich mehr Bodenhaftung hat. Manchmal, vorzugsweise an einem Wochenendtag, bleibt Violetta auch bei ihrem Papa daheim, dann habe ich es etwas leichter und sie kann spielen. In der Regel hält sie jedoch während der Stallarbeit ihr Vormittagsschläfchen und ist anschließend bereit für ein zweites (Milch-)Frühstück.

Insgesamt dauert die Morgenroutine am Stall, inklusive Fahrradfahrzeit, 1,5 Stunden an. Bei schwierigen Wetterbedingungen oder Erschöpfungszuständen meinerseits können es auch zwei Stunden werden. Mit gelegentlicher Hilfe meines Mannes oder

---

[11] Das ist Schwedisch und bedeutet: jeden Tag.

meiner Mutter, wenn sie uns aus Deutschland besuchen kommt, geht das Ganze auch in 45 Minuten. Weniger wäre Pfusch.

Mittags sorge ich geregelt, besonders an kalten Tagen, für eine weitere Heumahlzeit. Das geht schnell: Fahrrad-Fahrzeit plus vier Minuten Lauferei, drei Minuten Pferde kraulen, fertig.

Am Abend hole ich sie gegen sechs Uhr wieder in den Stall. Wenn ich morgens alles gerichtet habe, kommen keine weiteren Aufgaben hinzu. Im kürzesten Fall sind es also zehn Minuten zuzüglich Fahrzeit. Die Fahrzeiten belaufen sich mit dem Fahrrad auf 20 - 25 Minuten und mit dem Auto auf fünf Minuten.

Bei der gesamten Kalkulation war jetzt noch kein „Spaßfaktor" dabei. Ich setze es extra in Anführungszeichen, da mir dieses ganze „Gekümmere" auch schon echt Spaß macht. Wirklich. Sobald der Part überwunden wurde, in der Früh vom warmen Bett aufs Fahrrad zu steigen und bei den Fellnasen angekommen zu sein, ist es mir eine Freude. Besonders wenn ich die Türe öffne und beide stehen sehe, es ihnen gut geht, dann ist der doofe Teil der Morgenroutine geschafft.

Spaziergänge, kleine Ausritte, Longieren oder Freiarbeit auf dem Platz finden leider kaum noch Zeit. Wenn, aber dann am ehesten am Morgen als Sahnehäubchen der Tätigkeiten. Dann sind beide auch fürs erste gesättigt und können etwas Bewegung vertragen. Am langweiligsten ist es ihnen wohl tagsüber, jedenfalls kommen sie fröhlich zu mir, wenn ich sie besuche. Abends warten sie stets am Tor und auch das ein oder andere Begrüßungs-Wiehern „Hej, wir wollen rein!" darf nicht fehlen. Einer der schönsten Momente eines Pferdebesitzers: Das Gefühl gemocht zu werden. Oder zumindest gebraucht.

Beim Korrekturlesen fallen mir Parallelen zur Mutterschaft, zum Muttersein, auf. Was bereitet einer Mutter, die sich hingebungsvoll um ihre „Aufzucht" kümmert, Freude? Unterm Strich ist es doch recht simpel: alle überleben, alle sind zufrieden und ein bisschen zurückgegebene Liebe macht das Glück perfekt. Irgendwie simpel. Zu simpel? Oder einfach natürlich? Fragen über Fragen...

Es ist ein bisschen so, wie mit Babys bei längeren Weinphasen: Ist es vorüber und sie lächeln dich an, dann ist die Welt wieder in Ordnung. All das Negative ist wie weggeblasen.

Ein warmes Anblasen der weichen Nüstern im Gesicht, ein freundliches Wiehern oder auch einfach nur ein stilles Dasein... Das bringt mich Meilen weiter voran als jede Meditation. Da kann das Eis noch so glatt und der Wind noch so kalt sein, es gibt mir Mehrwert.

Meine Pferde nach Schweden geholt zu haben, hat mich aus tiefstem Heimweh befreit. Durch die Herausforderung mich kontinuierlich um sie zu kümmern, habe ich eine Aufgabe bekommen, die mein Herz beseelt. Es ist sprichwörtlich: hart aber herzlich. Eine willkommene Abwechslung zum Mama-Alltag und exzessiven Gedankenströmen über die politische Lage, Weltuntergangs-stimmungen oder auch Gott und die Welt.

6

Etwas über Schweden

Hauskauf in Schweden

Die Suche nach dem Eigenheim. In meiner Vorstellung bestand Schweden aus roten Holzhäusern mit weißen Akzenten. Die rote Farbe hat sogar einen tieferen Sinn, wie ich hier lernte. Lasst uns also mit einem kleinen Exkurs in Sachen Schwedenhäuser und Bauweisen starten.

Schweden ist bekannt für seine malerischen Häuser und Bauten, die oft in einem lebhaften Rotton namens „Faluröd" gestrichen sind. Diese Tradition reicht weit zurück und hat historische, kulturelle und praktische Ursprünge.

Traditionell wurden schwedische Häuser aus Holz gebaut, welches reichlich in den nordischen Wäldern vorhanden ist. Um das Holz vor den rauesten Elementen des schwedischen Klimas zu schützen, begannen die Menschen, ihre Häuser mit einer Mischung aus Farbe und Öl zu streichen. Diese Mischung, die später als „Falu Rödfärg" bekannt wurde, enthielt Abfallprodukte aus Kupferbergwerken, insbesondere Eisenoxid, das dem Farbton seine charakteristische rote Farbe verlieh.

Die Verwendung von „Faluröd" war nicht nur ästhetisch ansprechend, sondern hatte auch praktische Vorteile. Das Eisenoxid im Farbstoff wirkte als natürlicher Schutz gegen Holzschädlinge und verlängerte so die Lebensdauer der Holzhäuser.

Die Tradition, schwedische Häuser rot zu streichen, geht auf das 16. Jahrhundert zurück, als der Bergbau in Falun, einer Stadt in der Provinz Dalarna, boomte. Die Verwendung von „Faluröd" verbreitete sich von dort aus im ganzen Land, da die Menschen begannen, die Farbe auch für ihre eigenen Häuser zu nutzen. Heutzutage ist die rote Farbe ein Symbol für die schwedische ländliche Idylle und trägt zur einzigartigen Ästhetik der schwedischen Landschaft bei.

Recherche und Budgetplanung

Bevor du dich entscheidest, ein Haus in Schweden zu kaufen, ist es wichtig zu wissen, dass die Bauweise oft nicht mit der deutschen vergleichbar ist. Schwedische Häuser können oft sehr günstig gekauft werden, aber je nach persönlichem Standard kann es sein, dass du noch eine Menge Geld in Renovierungen stecken musst.

Interessante Aspekte

Einige Häuser, besonders im ländlichen Bereich, haben keinen kommunalen Kanalisationsanschluss und nutzen stattdessen eigene Kammersysteme oder Komposttoiletten.

Auch die Wasserversorgung kann durch einen eigenen Brunnen erfolgen. Dabei ist es wichtig, die Qualität des Wassers und die Tiefe des Brunnens zu überprüfen, um sowohl im Sommer genügend Wasser zu haben, als auch im Winter keine Probleme mit eingefrorenem Wasser zu bekommen.

Immobilienagentur oder Eigenrecherche

Du kannst entweder eine Immobilienagentur beauftragen oder selbst nach Häusern suchen. Websites wie hemnet.se bieten einen guten Überblick über schwedische Häuser, auf denen du Besichtigungstermine und aktuelle Gebote einsehen kannst.

Beachte, dass die Fläche oft größer ausfällt und häufig mehrere Gebäude auf dem Grundstück dazu gehören, wie zum Beispiel eine alte Scheune oder ein Gästehaus. Das kann zusätzliche Möglichkeiten bieten, erfordert aber auch zusätzliche Pflege und Instandhaltung.

Besichtigungen und Inspektionen

Schwedische Häuser haben oft kleine Zimmer und überraschend große begehbare Kleiderschränke oder Vorratsräume. Manchmal findet man noch alte Hexenküchen oder andere ältere Feuerstellen, die jedoch unbedingt überprüft werden sollten, bevor man das Haus erwirbt.

In sogenannten Sommerhäusern ist oft keine Zentralheizung vorhanden und das Haus wird mit Heizlüftern oder Feuerstellen beheizt. Vor dem Winter werden diese Häuser oft „eingemottet", besonders wenn sie nur als Sommerhaus genutzt werden.

Finanzierung

Informiere dich über die verschiedenen Finanzierungsoptionen und suche nach den besten Konditionen. Als Ausländer kannst du in der Regel problemlos eine Hypothek in Schweden aufnehmen.

Bedenke, dass Renovierungen und Instandhaltungskosten on top kommen und hoch ausfallen können, besonders bei älteren Häusern.

Rechtliche Aspekte

Wenn Du sicher gehen möchtest, dann lasse dich rechtlich beraten, sodass du alle rechtlichen Aspekte und Verpflichtungen verstehst. Der Kauf eines Hauses in Schweden kann spezifische rechtliche Anforderungen und Verfahren mit sich bringen, die sich von denen in anderen Ländern unterscheiden können.

Verhandlung und Abschluss

Die meisten Häuser in Schweden werden über Bietverfahren verkauft. Es gibt ein Anfangsgebot, das unterboten oder überboten werden kann. In der Regel dauert es einige Tage, bis das Bietverfahren abgeschlossen ist und der Käufer gefunden wird.
Der Kaufvertrag, die Zahlung des Objekts usw. werden alles über den Makler abgewickelt. Der Makler hat auch die Funktion eines Notars. Dadurch entfällt die Notwendigkeit einer separaten Instanz für den Vertragsabschluss.
Es ist wichtig zu beachten, dass die Kosten für den Makler vom Verkäufer getragen werden. Dies ist ein übliches Verfahren bei Immobilientransaktionen in Schweden.

Übertragung und Umzug

Nach Abschluss des Kaufes kannst du mit deinem Umzug in dein neues Zuhause in Schweden beginnen. Genieße die natürliche Schönheit und die ruhige Lebensweise, die das Leben in einem schwedischen Haus bietet. Oft, so empfinden wir es, kommen auch eine Menge renovierungsbedürftige Herausforderungen mit dem Kauf eines Hauses hinzu. Natürlich besonders, wenn man sich für ein älteres Gebäude entscheidet. Es ist unser erster Hauskauf gewesen, so haben wir keinen direkten Vergleich zum deutschen Hauskauf. Für uns war es eine Umstellung von der gewohnten Modernität in Deutschland nun in einem alten Holzhaus zu wohnen. Auch aus objektiver Sicht mag es vielleicht eher wie eine Herabstufung erscheinen. Doch das Flair des Hauses, mitten im Wald, ließ uns das Streben nach Modernität und Luxus schnell vergessen. Lediglich eine richtige Dusche steht noch auf unserer Luxus-Wunschliste, aber das ist vom jeweiligen Zustand des Hauses abhängig und hat nichts direkt mit Schweden zu tun.

Der Kauf eines Hauses in Schweden kann eine spannende und lohnende Erfahrung sein, die dich dazu bringt, die nordische Kultur und die atemberaubende Natur dieses faszinierenden Landes noch besser kennenzulernen.

Unsere erste Hausbesichtigung

Tagebucheintrag — ein Tag im August 2021

Ein kleines gelbes Haus mit 1,7 Hektar Grundstück, inklusive Baumbestand und einem kleinen Wäldchen, zwei Wiesen, Schuppen und zahlreichen Gerätschaften, stand zum Verkauf – und das zu einem günstigen Preis.

Auf den Bildern schien die Fassade mit einer Blechverkleidung versehen zu sein, während das Dach in einem neuwertigen Rot erstrahlte. Sollte es wirklich dieses sein? Aus Blech und in Gelb? Eigentlich hatte ich mir unser Schwedenhaus eher aus Holz und in Rot vorgestellt. Doch die Bilder und die Beschreibung passten gut zu unseren Vorstellungen und unserem Budget. Ein kleiner, eigener Wald, zwei Wiesen, ein Schuppen und Gartengeräte inklusive – das klang vielversprechend. Theoretisch fehlte ein Kinderzimmer, aber war das nicht eher ein Luxusproblem? Violetta wird bestimmt noch eine Weile in der Besucherritze schlafen und gespielt wird sowieso hauptsächlich um uns herum. Außerdem bestand immer die Möglichkeit, zu erweitern, umzubauen oder neu zu bauen.

Es war unsere erste Besichtigung eines schwedischen Hauses, wir hatten schon viel darüber gehört. Man sagt, dass der Zustand oft schlechter ist, als auf den Bildern und dass man sich beim Bietverfahren nicht auf den Ausgangspreis verlassen kann.

Letztendlich haben wir uns gegen das gelbe Häuschen entschieden. Es lag in einem anderen „Län", was bedeuten würde, dass die Kinder eine andere Schule besuchen müssten, als die Kinder unserer neu gewonnenen Freunde. Außerdem fühlte ich mich dort irgendwie unwohl. Zu meiner Überraschung hatte es aber tatsächlich keine

Blech- sondern eine Holzfassade. Bilder können wirklich enorm täuschen.

Wir schauten uns noch einige Objekte an, sowohl einzelne für uns als kleine Familie, als auch mit unserer WG gemeinsam, da die Idee im Raum stand, weiterhin zusammen wohnen zu wollen. Allerdings gab es keine passenden Angebote, die für unsere beiden Familien gemeinsam gut passten. Es kristallisierte sich immer mehr heraus, dass wir doch auch unterschiedliche Schwerpunkte und Wünsche hatten. Schlussendlich wurde Nadjas Familie zwei Stunden weiter nördlich fündig und wir liebäugelten mit einer Anzeige ein Dorf weiter...

Das Haus am Wald

Wie schon in den vorherigen Kapiteln angedeutet, entsprach meine Vorstellung einem Schwedenhaus mit roter Fassade. Doch es kam noch besser: es stand ein grünes Haus zum Angebot. Es hatte einen hellgrünen, leicht mintfarbigen Touch mit dunkelgrünen Eckpfeilern und Fensterrahmen. Die Veranda war riesig. Es gehörte auch ein Gästehaus mit zwei Zimmern, kleinem Bad und altem Wintergarten dazu. Besonders ansehnlich war das Gästehaus im Vergleich zum Haupthaus nicht. Es hatte rosafarbene Asbestplatten als Fassade und eine graue Steinwand als Grundmauer. Doch die Lage war entzückend: an einer Schotterstraße direkt am Wald. Ja, richtig, mein Ziel war es an einer Schotterstraße zu wohnen. Für mich ist es das ultimative Zeichen von Abgeschiedenheit und Landleben. Es standen noch zehn weitere Häuser an der Straße, welche allerdings um die 1,1 km lang war. Wir würden also nicht dicht an dicht gedrängt wohnen, wie zuvor im deutschen Wohngebiet. Die Besichtigung fand im Oktober statt. Es war dunkel und regnerisch. Kein wirklich ansprechendes Wetter für ein „erstes Date". Ich müsste lügen, wenn ich sagen würde, dass ich sofort verliebt war. Dennoch hatte ich kein schlechtes Gefühl. Und das war schon echt besonders. Einige Häuser, die wir besichtigt hatten, gruselten mich oder hatten eindeutige KO-Kriterien. Dieses war, zumindest im grünen Haupthaus, recht frisch renoviert und in jedem Fall bewohnbar ohne großartige Baumaßnahmen. Die Lage war vermutlich für den niedrigen Preis verantwortlich, denn das Dorf war bekannt für „den verfrorenen Hund". Zwölf Kilometer von Kopparberg entfernt war für uns ein Pluspunkt, so müsse Noam nicht die Schule wechseln. Die Bushaltestelle war nur 400 Meter entfernt.

Spoiler: Im ersten Jahr fuhr er sogar mit einem Spezialbus, welcher ihn jeden Freitagmittag direkt vor der Haustür absetzte. Erst in der fünften Klasse musste er in den Linienbus einsteigen.

Zu dem grünen Haus gehörten knapp 8000 Quadratmeter Grundstück, aufgeteilt in ein Waldstück am Hang, einer Wiese auf der Hausseite und eine etwas größere Wiese auf der gegenüberliegenden Grundstückshälfte. Mein Traum von den Pferden am Haus wurde immer mehr visualisiert. Bei jeder Annonce prüfte ich automatisch für Pferde taugliche Flächen. Auch eine alte Scheune gehörte mit zum Angebot, allerdings stark renovierungsbedürftig und zumindest für Pferdehaltung erstmal unbrauchbar. Ich träumte eh von Offenstallhaltung, diesen könne man ja „einfach" auf die Wiese bauen, so zumindest meine Vorstellung.

Irgendwie war das Haus und die Nebengebäude am Waldrand zu gut im Vergleich zu den bisherigen Angeboten. Der Keller hatte starke Schimmelprobleme und das Dach des alten Hauses musste in jedem Fall erneuert werden. Dennoch gab es kein wirkliches Totschlagkriterium. Ich votierte für das Objekt. Chri zögerte etwas, wobei er bei dem Preis-Leistungsverhältnis auch nicht nein sagen konnte. Wir mussten erstmal den Besichtigungszeitraum abwarten, denn laut Maklerin hatte noch eine andere deutsche Familie Interesse an dem Objekt. Obwohl man meinen könnte, jeden deutschen Auswanderer zu kennen, haben wir die Anderen nie kennengelernt. Als das Bietverfahren eröffnet wurde, entschlossen wir uns dazu, mitzubieten und erstmal unter dem angesetzten Preis zu starten. Es stand für 650 000 SEK in der Anzeige, wir boten 600 000 SEK. Ich kann mich noch genau erinnern, wie aufregend dieses Bieten war. Wir hatten zuvor schon auf andere Häuser geboten, aber nie den Zuschlag bekommen, beziehungsweise, wir wurden überboten und haben dann nicht mehr mitgemacht. Diese innere Sorge, man würde überboten werden, saß mir im Nacken. Ein unangenehmes Gefühl. Auch eine Geduldsprobe, denn man überlegt immer wieder, ob man nicht noch mehr zahlen wollen würde. Aber: wir hatten uns bei jedem Angebot ein eigenes Limit gesetzt und ich denke, dies war eine gesunde Entscheidung.

Online kann man das Bietverfahren verfolgen. Bei unserem grünen Haus sahen wir keine weiteren Angebote, es stagnierte mit dem von uns abgegebenen Gebot. Es waren so spannende Tage!

Als keine weiteren Angebote reinkamen, gab uns die Maklerin die Telefonnummer des Verkäufers, was nicht unbedingt üblich ist. So konnten wir klären, ob er das Objekt auch für 600 000 SEK verkaufen würde. Er war gerade dabei eine neue Wohnung zu kaufen und wollte diese mit dem Verkauf des Hauses bezahlen und zeitgleich seine Schulden loswerden. Er sagte, er würde uns auch den Aufsitzrasenmäher dazu schenken, aber er bräuchte eigentlich schon die 650 000 SEK. Geschäftsmann wie Chri eben ist, verhandelte er mit ihm, sich in der Mitte zu treffen und den Rasenmäher „on top" zu bekommen, also 625 000 SEK all inclusive. Dazu muss gesagt sein, dass der Rasenmäher zuerst nicht mähte, sondern erst repariert werden musste.

Ja und dann war es so weit: Wir bekamen einen Termin im Maklerbüro und wurden erstmalig Hausbesitzer.

Gerade mal fünf Monate in Schweden und schon fanden wir ein Fleckchen Erde, welches in Zukunft unser Zuhause werden sollte. Ich war aufgeregt, ich war begeistert. Wir hatten ein neues, ganz großes Projekt vor uns und freuten uns sehr darauf!

Schweden für Kinder und Familien

„Bindungsorientierte Erziehung konzentriert sich auf die nährende Beziehung, die Eltern zu ihren Kindern entwickeln können. Diese nährende Verbindung wird als der ideale Weg angesehen, um sichere, unabhängige und einfühlsame Kinder zu erziehen."

Kinderarzt William Sears

Schweden gilt als sehr Kinder- und Familienfreundlich. In jedem Fall ist es optisch deutlich zu erkennen, denn es gibt eine Vielzahl an schön gestalteten Spielplätzen und Aufenthaltsmöglichkeiten für Kinder. Die spürbaren Vorteile beginnen ab Geburt und begleiten die Kinder durch die verschiedenen Bildungsstufen.

Geburt

Es ist üblich in Schweden in einem Krankenhaus zu gebären. Als Hebamme und auch Mutter finde ich es besonders schade, dass an dieser Stelle das System noch nicht so weit ist und Hausgeburten privat finanziert werden müssen. Ebenso haben viele kleine Kliniken geschlossen und eine allgemeine Zentralisierung findet statt. Dadurch haben die Frauen bei den oftmals ohnehin schon langen Wegen eine noch weitere Strecke zum Krankenhaus zu bewältigen. Nicht selten werden Kinder während der Fahrt geboren. Wenn solch' ein Fall eintritt und ein Rettungswagen gerufen wird, ziehen die meisten Regionen auch eine Hebamme aus dem Krankenhaus hinzu, die bei der Geburt unterstützt.
Insgesamt gibt es 53 tätige Hausgeburtshebammen für ganz Schweden. Der Hauptteil meiner Kolleginnen arbeitet im

Ballungszentrum rund um Stockholm.

Im Januar 2024 wurde in Göteborg das erste Geburtshaus Schwedens eröffnet. Es ist ein großer Gewinn für die freie Wahl des Geburtsortes, allerdings auch hier ein kostspieliges Angebot für die Familien.

Schweden lässt jeder Frau die freie Wahl und eine Bewertung ihrer Entscheidung über den Geburtsort fällt weniger harsch aus, als ich es aus Deutschland gewohnt war. Dennoch gibt es auch hier einiges zu revolutionieren. Ich bin dankbar, bereits Kontakte zu den Kolleginnen geknüpft zu haben. Denn auch für mich ist die Geburtshilfe im ausschließlich klinischen Rahmen undenkbar geworden, sodass ich Frauen und Familien Hausgeburtshilfe anbiete.

Mutterschutz

Schwangere Frauen haben das Recht, sieben Wochen vor dem errechneten Geburtstermin und sieben Wochen nach der Geburt Mutterschaftsurlaub zu nehmen.

Während des Mutterschaftsurlaubs erhalten Mütter eine finanzielle Unterstützung in Höhe von 80% ihres durchschnittlichen Einkommens, das sog. „Graviditetspenning". Diese Unterstützung wird durch die „Försäkringskassan", die schwedische Sozialversicherungsagentur, bereitgestellt.

Elternzeit

Eltern haben Anspruch auf insgesamt 480 Tage Elternzeit pro Kind. Diese Tage können zwischen beiden Elternteilen aufgeteilt werden.

Von diesen 480 Tagen müssen 90 Tage von jedem Elternteil separat genommen werden und können nicht übertragen werden.

Das Elterngeld, „Föräldrarpenning", beträgt etwa 80% des vorherigen Einkommens, bis zu einer Höchstgrenze von 1.012 SEK pro Tag. Für Eltern ohne Einkommen gibt es einen Pauschalbetrag von 250 SEK pro Tag.

Die Elternzeit kann flexibel genutzt werden, bis das Kind acht Jahre alt ist. Eltern können wählen, ob sie die Zeit am Stück oder in Teilen nehmen möchten.

Kindergeld

Schweden bietet finanzielle Unterstützung für Familien durch das Kindergeld, den sog. „Barnbidrag".

Das Kindergeld wird automatisch an alle Eltern oder Erziehungsberechtigten ausgezahlt, die in Schweden wohnen und deren Kinder unter 16 Jahre alt sind. Es ist keine spezielle Antragstellung erforderlich, was mich als Deutsche gewundert und gleichzeitig extrem gefreut hat. Ich persönlich empfinde jegliche Art von Bürokratie als ein Damoklesschwert und bin so dankbar, dass wir uns um diesen Part keine großen Gedanken machen mussten.

Die Höhe des Kindergeldes beträgt aktuell 1.250 SEK pro Monat und Kind, was ungefähr die Hälfte des deutschen Kindergeldes bedeutet. Für Familien mit mehreren Kindern gibt es zusätzlich einen Mehrkinderzuschlag, „Flerbarnstillägg", der wie folgt gestaffelt ist:

* Für das zweite Kind: zusätzliche 150 SEK pro Monat.
* Für das dritte Kind: zusätzliche 454 SEK pro Monat.
* Für das vierte Kind: zusätzliche 1.010 SEK pro Monat.

- Für das fünfte und jedes weitere Kind: zusätzliche 1.250 SEK pro Monat.

Um Kindergeld zu erhalten, müssen die Eltern oder Erziehungsberechtigten und das Kind in Schweden wohnen. Auch Eltern, die nach Schweden ziehen und eine Aufenthaltsgenehmigung haben, können Kindergeld erhalten.

Es wird monatlich ausgezahlt und soll, logischerweise, zur Deckung der Lebenshaltungskosten der Kinder verwendet werden.

Für Kinder über 16 Jahren wird das Kindergeld in Form einer Schulungszulage, „Studiebidrag", weitergezahlt, solange das Kind eine weiterführende Schule besucht. Diese Zulage beträgt ebenfalls 1.250 SEK pro Monat.

Bei geteiltem Sorgerecht kann das Kindergeld auf beide Elternteile aufgeteilt werden, sodass jeder Elternteil die Hälfte des Kindergeldes erhält.

Was ich ein bisschen witzig finde, ist, dass Christian automatisch die Hälfte von Violettas Kindergeld auf sein Konto erhält, während ich die andere Hälfte sowie die volle Zahlung für Noam erhalte. Wir haben kein geteiltes Sorgerecht, es ist vermutlich ein Fehler im System, aber es stört uns nicht und wir lassen es einfach so laufen. Hauptsache das Geld fließt.

Förskola[12]

Die Förskola ist ein wichtiger Bestandteil des schwedischen Bildungssystems und richtet sich an Kinder im Alter von eins bis sechs Jahren.

Alle Kinder ab dem Alter von einem Jahr bis zum Schulbeginn haben das Recht auf einen Platz in der Förskola. Die Kommunen sind verpflichtet innerhalb von vier Monaten nach der Anmeldung einen Platz anzubieten. Wir haben die Erfahrung gemacht, dass der gesamte Prozess sehr schnell und einfach ging. Bei uns in der Region gibt es mehr freie Plätze als Kinder.

Die Förskola verfolgt einen ganzheitlichen Ansatz, der auf spielerischem Lernen basiert. Kinder sollen in ihrer Entwicklung gefördert und gleichzeitig auf die Schule vorbereitet werden. Es gibt auch freie Einrichtungen sowie Waldorf oder Montessorivarianten. Da diese aber nicht in unserer Gegend verfügbar sind, kam für uns nur der staatliche Kindergarten in Frage.

Die Gebühren für die Förskola sind einkommensabhängig und gedeckelt. Die maximale Gebühr, die eine Familie zahlen muss, beträgt etwa 3% des Familieneinkommens, bis zu einem Höchstbetrag von etwa 1.572 SEK pro Monat für das erste Kind, 1.048 SEK für das zweite Kind und 524 SEK für das dritte Kind. Kinder aus einkommensschwachen Familien können kostenlos in die Förskola gehen.

Wenn ein oder gar beide Elternteile daheim sind, können die Kinder erst ab einem Alter von drei Jahren und auch maximal drei Tage die Woche betreut werden. Es wird darauf wert gelegt, dass die Kinder nicht abgeschoben werden, sondern viel Zeit im häuslichen Umfeld

---

[12] schwedischer Begriff für Kindertagesstätte

verbringen können. 15 Stunden, also drei Tage die Woche, sind für alle Kinder von 3-6 Jahren kostenfrei. Sollten beide Eltern arbeiten, kann man die Kinder fünf Tage die Woche anmelden. Man zahlt dann aber alle Kosten, die über die 15 Stunden Betreuung hinaus gehen, selbst.

Da wir bisher ein geringfügiges Einkommen erhalten, aber beide arbeiten, geht Violetta seit Anfang dieses Jahres für vier Tage die Woche von 8.30 bis 13.30 Uhr in die Betreuung. Wir zahlen umgerechnet um die 50 € monatlich, inklusive Mittagessen.

Bei Mehrverdienst gibt man dies bei der Kommune an und es wird neu berechnet. Man braucht aber keine Nachweise einreichen. Es beruht auf Vertrauensbasis, bzw. bei angestellten Arbeitsverhältnissen kann der Verdienst eingesehen werden. Es fühlt sich fair, leicht und angenehm an, keinen 395-Seiten-Antrag ausfüllen zu müssen.

Es war ein großer Prozess, mich für eine Fremdbetreuung zu entscheiden. Ich wollte so lange, wie es nur ging, Vio daheim betreuen. Als Noam 1,5 Jahre jung war, musste ich ihn in die KiTa geben, da ich meine Vollzeitausbildung zur Hebamme begonnen hatte. Er kam so weit gut zurecht, aber es war zu früh, das habe ich gespürt.

Da wir hier in Schweden ohne Großeltern oder andere Unterstützung standen, blieb uns für eine berufliche Entwicklung ebenfalls keine andere Wahl. Ehrlich gesagt, ist es auch eine große Herausforderung für mich gewesen, immer verfügbar zu sein. Ich ziehe den Hut vor allen Müttern, die ihre Kinder immer daheim begleiten, ohne Betreuung oder etwaige Unterstützungsmodelle. Tief in meinem Herzen glaube ich auch, dass es ungesund für das gesamte Familiensystem ist, wenn all die Last permanent auf den Schultern von Eltern lastet, meist auf denen der Mutter. Dafür gab es damals ja die Mehrgenerationenhaushalte oder das sog. Dorf, auf welches man sich verlassen konnte. Viel zu schnell läuft man Gefahr in eine Art „Mental Load" zu fallen. Wenn ich an meine Oma denke, die vier Jungs in Folge gebar, also jedes Jahr ein Baby, und dann nach der vierten Geburt einen Zusammenbruch erlitt… Es stimmt einfach nicht, dass „unsere Großeltern das auch schon geschafft haben". Diese Sprüche in Bezug auf Kinderbegleitung und Haushalt „managen", während der Mann die meiste Zeit auswärts arbeitet, sind schlicht und ergreifend falsch. Es hat nie funktioniert. Es schien so, ja. Weil es normalisiert war. Die Gesellschaft kannte es nicht anders. Die Ansprüche an die Kinderbegleitung waren andere. Meine Oma erzählte mal, wie sie eins ihrer Babys im Kinderwagen für den Mittagsschlaf auf die Terrasse schob und es schreien ließ, denn sie hatte noch drei weitere Kinder am Wickel und ein Mittagessen, was zubereitet werden musste. Natürlich wollte sie das so nicht, es tat ihr weh im Herzen, das Kleine so schreien zu hören. Doch es war normal.

Ah, fuck normal! Ich bin echt so müde von diesem „normal".

Was ist schon normal und warum meint man, normal sei gut?

Back to topic:

Wir entschieden uns, die Betreuung auszuprobieren, aber es in jedem Fall zu stoppen, sollte Vio sich unwohl fühlen. Eine sanfte Eingewöhnung war Voraussetzung und ich wollte stets auf mein Bauchgefühl hören. Wir waren stets verbunden. Ich fühlte stets, was sie fühlte. Außerdem wollte ich nicht aufhören sie zu stillen und das habe ich den Betreuern klar mitgeteilt. Anfangs stillte ich sie noch beim Abholen aus der Förskola auf der Bank zwischen Gummistiefeln und Regenmänteln, aber schnell entschloss ich mich, das Stillen auf daheim zu begrenzen, um es ihr leichter zu machen. Es klappte erstaunlich gut. Über die ersten Gedanken unserer Förskola - Erfahrungen und der Eingewöhnung teile ich in Auszügen aus meinen Tagebucheinträgen mit.

So, here we go:

Auszüge aus meinem Tagebuch

Im Juni waren Violetta und ich das erste Mal in der Förskola. Es war ein Schnuppertag, den wir gemeinsam mit meiner Freundin Lida und ihrer Tochter Hanna wahrnahmen. Dort trafen wir noch eine Familie aus Österreich, die sich ebenfalls Gedanken um eine Betreuung machten. Ziemlich schnell hatten wir alle denselben (deutschen) Eindruck: Es ist uns zu unpersönlich eingerichtet, zu wenig Waldorf-Touch, kein Montessori. Es war befremdlich für mich, dass die Kinder an großen Tischen sitzen mussten, mit Hochstühlen, anstelle der kleinen Kindertische und Stühle, wie es in Deutschland üblich ist. Für meinen Geschmack ist letzteres „Kind-geleitet" und die schwedische Variante „Erwachsenen-ignorant". Wobei ich nicht weiß, ob es eine schwedische oder nur die von dieser Förskola ist. Da geht also bei mir eine Schublade auf und alles, was ich wahrnehme, wird in das Fach Schweden gepackt. Sehr oberflächlich und es führt zu Vorurteilen.

Ach und eigentlich war ich vom Herzen schlichtweg nicht bereit für eine Trennung, sodass ich grundsätzlich, auch bei der wundervollsten Einrichtung und allem Möglichen Chichi mit super Förderung, ausschließlichem Holzspielzeug und eben im Rahmen dieses „Settings" – *Treffen mit „Öko - Österreichern" die dasselbe Mindset hatten* – etwas Negatives gefunden hätte und dagegen sein musste. Ich meldete Violetta also nicht an.

Ich ließ es im Sande verlaufen, ging über die Sommerferien einige Tage zum Sprachkurs während Noam auf Violetta aufpasste.

Es kam dann, trotz Weitblick, recht plötzlich, dass er wieder zur Schule musste und diese Lösung eben nur befristet funktionierte.

Meine Sprachprüfung Ende August habe ich einfach trotzdem gemacht und sogar bestanden. Mit quasi null Anwesenheitstagen für den Monat August. Es musste dennoch eine neue Lösung her, denn einige Sprachlevel standen noch aus. Irgendwie hoffte ich, mein Mann würde ab Oktober keinen Job haben, sodass er sie nehmen und wir keine familienfremde Betreuung benötigen würden. (Äh, kurioserweise habe ich justament eine Nachricht von meinem Mann mit einem etwaigen Jobangebot erhalten, dass aber eher so semi-nice ist. Soll das ein Wink mit dem Zaunpfahl sein? Ich weiß es nicht.)

Jedenfalls, egal, wie man es dreht und wendet, ich kam immer wieder zu dem Gedanken der Fremdbetreuung zurück. Ich fühlte mich ausgebrannt von der Last der Gesamtverantwortung.

Tag 3 der Eingewöhnung

Heute bist Du anhänglich, nimmst das erste Mal meine Hand auf dem Weg zum Eingang. Beim Spielen beziehst Du mich immer wieder mit ein und bei dem Fruchtsnack um Neun möchtest Du, dass ich neben Dir sitze. Die Erzieherinnen hatten gestern für heute die erste Trennung vorgeschlagen. Spürst Du es? Oder ist es die leichte Mini-Erkältung, die Dich etwas schlaucht und an mir kleben lässt?

Ich jedenfalls bin sehr beschäftigt damit nicht zu weinen. Der klassische Kloß im Hals. Zur Ablenkung tippe ich diese Zeilen hier oder habe vorhin schnell die Kinderküche, Verkleidungsecke und die Puppensachen aufgeräumt. Du warst spielen, ich abgelenkt. Gute Kombi.

Die Betreuerinnen ließen uns die Zeit, die wir brauchten. Es gab keine harte Trennung.

Tag 4 der Eingewöhnung

Nachdem Violetta nachts als „Willkommensgeschenk der Förskola" begann eine Erkältung auszubrüten, setzten wir erst einmal ein paar Tage aus. Irgendwie tat es auch mir gut und wir hatten ein richtig faules Familienwochenende. Wir haben anstelle von zügigen Bauarbeiten wirklich mal entspannt, waren gemeinsam Blaubeeren pflücken, haben auf dem Sofa Mittagspäuschen gehalten, uns zur „Fika" mit Freunden getroffen und ja, einfach mal etwas weniger auf die Uhr geschaut.

Typisch bei Erkältungen hat Vio noch eine Schnoddernase und etwas Husten mit in die neue Woche genommen, aber sie ist körperlich und geistig wieder fit, also ging es heute wieder los in die Förskola.

Es ist ein anderes Team an Erzieherinnen vor Ort. Die Zwei von letzter Woche sind verhindert – krank und im Urlaub. Man merkt, dass es Vio schwerer fällt. Wir entscheiden uns heute noch keine Trennung vorzunehmen.

Entwicklung der Eingewöhnung

Insgesamt verlief die Eingewöhnung sanft und im Rhythmus des Kindes. Es war deutlich gewünscht, dass ich mich bei den Trennungen verabschiedete und nicht heimlich wegschlich. Es kam, wie es kommen musste und Vio weinte. Gott sei Dank ließ sie sich jedes Mal schnell beruhigen und wir steigerten die Zeiten sehr langsam. Angefangen bei 10 Minuten, weitergehend mit 20 Minuten und so weiter. In den Wartezeiten saß ich im Aufenthaltsraum, wie jetzt, und konnte so schnell kommen, falls sie zu mir wollte. Es kam nur einmal vor, dass sie sehr nach mir weinte und sie dann zu mir kamen. Ich stillte sie und wir gingen heim. Am nächsten Tag war keine Schwierigkeit zu erkennen. Violetta ging immer gern zur Förskola, bis heute. Sie spielt dort sehr gern und das Team ist den Kindern liebevoll zugewandt. Es ist eine ruhige und freundliche Atmosphäre. Was besonders auffällt: Es ist im schwedischen Kindergarten leiser als im deutschen Supermarkt. Ihr glaubt nicht, wie ruhig es dort ist, wirklich faszinierend.

Aber so ist es gefühlt überall: IKEA, Hallenbad, Supermarkt und Spielplätze… wir, oder andere Migrantenfamilien, sind immer die lautesten. Das gibt mir definitiv zu denken und zeigt mal wieder, dass Länder und Kulturen soooo unterschiedlich sind.

Skola[13]

Das schwedische Schulsystem ist bekannt für seine hohe Qualität und Chancengleichheit. Es beginnt mit der Grundschule, „Grundskola", und setzt sich mit der weiterführenden Schule, „Gymnasieskola", fort.

Die Grundschule ist für Kinder im Alter von 6 bis 16 Jahren obligatorisch. Sie umfasst neun Schuljahre und zielt darauf ab, den Kindern eine breite Allgemeinbildung zu vermitteln.

Nach der Grundschule können die Schüler die Gymnasieskola besuchen, die drei Jahre dauert und auf verschiedene berufliche oder akademische Wege vorbereitet.

Das schwedische Schulsystem legt großen Wert auf Inklusion und bietet umfangreiche Unterstützung für Schüler mit besonderen Bedürfnissen. Es gibt auch spezielle Programme für neu zugewanderte Kinder, um ihnen den Einstieg in das schwedische Bildungssystem zu erleichtern.

Wir sind in unserer Gegend gestrandet und hängengeblieben. Deshalb kann ich nicht die ganze Bandbreite des schwedischen Schulsystems wiedergeben. Unsere Erfahrungen beschränken sich auf die staatliche Schulform der Klassen 0 bis 9 in einem kleinen Dorf mit hohem Migrationsanteil, zudem wir gewissermaßen auch zählen.

---

13 schwedischer Begriff für Schule

Die Kinder werden regulär mit sechs Jahren, bzw. alle Kinder, die im vorherigen Jahr fünf Jahre alt wurden, im darauffolgenden Sommer eingeschult. Die Schule startet mit der Klasse Null und nennt sich Förskola - Klass, was ich etwas verwirrend finde, da der Kindergarten ja auch schon Förskola genannt wird. Aber nun gut, im Grunde ist es richtig, denn es handelt sich in jeder Form um den „Vorschulbereich".

An unserer Dorfschule haben die ersten zwei Klassen, also null und eins, einen separaten Bereich mit eigenem Pausenhof. Die Anzahl der Kinder pro Klasse beträgt um die 10 - 15 Kinder und es gibt aktuell von jeder Stufe zwei Klassen. In den höheren Klassen sind die Klassenstärken meist um die 20 - 25 Kinder, selten mehr.

Noams Klasse, in der Stufe Fünf, bestand zeitweise nur aus vier Schülern und sechs Schülerinnen. Das wird sich zum kommenden Sommer aber ändern, da die Klassen dann zusammengelegt werden sollen.

Im Großen und Ganzen empfinde ich die Klassen deutlich kleiner, aber deshalb nicht unbedingt ruhiger.

Ich habe eine Zeit als sog. Vikarie gearbeitet, was bedeutet, dass ich eine Art Aushilfslehrerin war. Die größte Herausforderung war nicht die Sprache, sondern vielmehr das Arbeits- und Sozialverhalten der Kinder. Meine Hauptaufgabe lag darin, dafür zu sorgen, dass niemand den Raum ungefragt verlässt. Nun liegt meine Schulzeit schon mehr als 15 Jahre zurück, aber ich kann mich beim besten Willen nicht daran erinnern, dass es jemals so chaotisch ablief. Ist es die deutsche Strenge, der Zeitgeist, der Migrantenanteil oder einfach die schwedische Entspanntheit, was mich einen so großen Unterschied spüren lässt?

Vermutlich von allem etwas. Für Noam war es in jedem Fall schwer, sich von dem Chaos fernzuhalten, geschweige denn adäquat zu lernen. Ich würde behaupten, er gab sein Bestes. Denn nach nur sieben Monaten war er der schwedischen Sprache mächtig und hat nebenbei seine Englischkenntnisse extrem verbessert.[14]

Der Lehrplan liegt im Vergleich zur deutschen Schule in Sachen „Anspruch" ein paar Jahre zurück. Das Mathematikniveau, welches Noam beim Start an der schwedischen Schule begegnete, also in der 2. Klasse (in Deutschland wäre es die 3. Klasse gewesen), war unterirdisch. Sie addierten und subtrahierten mit Zahlen bis 50... that's it.

Es mag sich so anhören, als wären wir extrem unzufrieden mit dem schwedischen Schulsystem, aber so ist es nicht. Wir waren es einfach nicht gewohnt. Wir kommen aus der Leistungsdruck — Gesellschaft a lá deutscher Vorzeigebürger und hatten so unsere Schwierigkeiten davon loszulassen. Diese alten Muster sitzen tief, seit Generationen. Innerlich wussten wir, dass es falsch war, noch mehr Leistung anzustreben und besonders bei den Kindern den Druck zu erhöhen. Doch im deutschen System war es Programm. Ein Fahrplan, den man nicht einfach so ändern konnte, auch nicht im eigenen Kopf. Es dauerte einige Monate, bis ich Noam buchstäblich in Ruhe ließ. Anfangs gab ich ihm noch selbsterstellte Hausaufgaben zu erledigen, da die Schule keine mit nach Hause gab. Ich dachte, es wäre besser so, wichtig für ihn. Auf der anderen Seite wollte ich mehr Freiheit und das Genießen der Kindheit für ihn. Wie absurd wir Menschen manchmal handeln, oder?

Das Ergebnis ist nun: Wir setzen ihn nicht weiter von Haus aus unter Druck, wir bleiben im Flow. Es gibt andere Dinge, die er nach der Schule als Aufgaben erledigen kann. Dazu gehört die Verantwortung

---

[14] Jetzt, nach knapp drei Jahren in Schweden, spricht er drei Sprachen und kann easy zwischen den Sprachen hin und her wechseln.

für die Pflege der Hühner, der ein oder andere Gassigang mit Buddy und jede Menge Freizeit. Zeit kreativ zu sein, Zeit sich auszuprobieren, die Natur zu erforschen oder auch einfach mal nur zu atmen. Das Nichtstun schätzen lernen. Hören, was das Universum uns sagen mag. Ok, für die einen ist es Gott, für die anderen das Universum oder andere Energien. Ich denke ihr wisst, was ich damit sagen möchte.

Hier in Schweden dürfen die Kinder ihre Kindheit er - leben. Sie haben 10 Wochen Sommerferien, verbringen mehr Zeit mit ihren Eltern und definitiv auch mehr Zeit in der Natur. Sicher, viele Kinder hängen im Haus vor Computerspielen und haben keinen blassen Schimmer von dem, was ich gerade versuche zu beschreiben. Doch das ist nicht die Regel. Allein der Schulweg durch den Wald ist unvermeidbar und führt so für die meisten Kinder, die auf dem Dorf groß werden, zu einem Spaziergang am Morgen.

In den Großstädten Schwedens mag es anders aussehen, doch davon gibt es nicht viele. Ich denke, es ist in Ordnung in diesem Fall zu Verallgemeinern und zu sagen: Schweden ist ein Land der Natur, und die Bürger dieses Landes atmen frischere Luft und laufen längere Strecken durch den Wald, als es bei uns in Deutschland Alltag war.

Autokauf in Schweden

Outlander

Eine ganz schnelle, für mich eher ungewöhnliche Nummer. Der Kauf unseres Geländewagens. Oder sagen wir: Auto für das ländliche Leben in Schweden.

Für gewöhnlich verbrachten wir Stunden bei der Suche nach einem passenden Gefährt, ähnlich wie bei der Suche des Küchentisches oder der Sofa-Kombi. All dies suchten und fanden wir auf Blocket.se - einem schwedischen Portal, das dem deutschen ebay - Kleinanzeigen ähnelt.

Ich wog ab und stellte mir verschiedene Szenarien vor, die ich mit dem zukünftigen Auto wohl erleben könnte ... und dann, wenn ich sowohl mich, als auch Chri von einer notwendigen Besichtigung überzeugen konnte, war das Fahrzeug bereits verkauft. Das ging ratzfatz.

Bei diesem war es anders. Da waren wir mal die Schnellsten. Kein Wunder, denn Chri fand es und ich hatte keinen Kopf mich groß damit auseinanderzusetzen, funktionierte lediglich und übersetzte die bereits von Chri verfassten Texte an den Verkäufer.[15] Wir vereinbarten einen Besichtigungstermin und fuhren an Tag X fast drei Stunden zu dem roten Outlander. Ein Mitsubishi sollte es werden. Allradantrieb und genügend Bodenfreiheit für unsere wilden Schwedenwege. Chri fuhr den Wagen Probe, während der Verkäufer sich nett mit mir unterhielt. Leider bekam ich ganz plötzlich starke Kopfschmerzen und konnte mich kaum noch konzentrieren. Violetta war dabei und hielt mich auf Trab. Als Chri wiederkam, beäugte er den Wagen noch etwas genauer, sah die rostigen Stellen mit großer

---

[15] An dieser Stelle ein großes Lob an die Macher der App deepLTranslator. I love it!

120

Skepsis an. Außer des Rosts in den Radkästen konnten wir nichts Großes bemängeln. Ich litt inzwischen so stark an der Migräne, dass mir der Verkäufer eine Schmerztablette aus dem Haus holte. Ein wirklich netter Mann. Wir entschlossen uns den Wagen zu kaufen. Ich gab Chri das Geld aus dem Umschlag, zählte nach, aber konnte kaum denken. Wir gaben ihm 5000 SEK zu viel. Chri ließ ihn nochmal nachzählen und der Mann war so ehrlich, dass er uns die 5000 SEK zurückgab. Es war keine Prüfung von uns, es war wirklich ein Versehen. Wir waren super dankbar und ich packte das Geld in mein Portemonnaie. Da mir klar war, dass Chri das neue Auto fahren würde und wir tanken müssten, gab ich ihm sein Portemonnaie schon mal in die Hände, die er verschränkt hinter dem Rücken hielt. Ich glaube, er war noch dabei den Kaufvertrag quer zu lesen, jedenfalls bekam er nicht richtig mit, was ich ihm da gab.

Wenig später fuhren wir los, Richtung Heimat und auf dem Weg zum Zwischenstopp an der Tankstelle. In Schweden ist es üblich erst mit der Bankkarte die Zapfsäule freizuschalten. Chri suchte sein Portemonnaie und fand es nicht. Ich stöhnte. Die Kopfschmerzen kickten so schlimm, ich konnte kaum Auto fahren. Jetzt noch sein Portemonnaie zu suchen, würde mich komplett aus der Bahn werfen. Wir fanden es nicht. Nirgends. Weder im Outlander noch im Fiat. Wir riefen den Verkäufer an, wir mussten es auf seinem Hof verloren haben. Er ging nicht ans Telefon. Ich schrieb eine SMS, er reagierte nicht. Uns blieb nichts anderes übrig, als die bereits 45 gefahrenen Minuten nochmal zurückzufahren. Bei ihm angekommen, war er nicht zu Hause. Sein Auto war weg, kein Portemonnaie in Sicht. Wir versuchten es telefonisch, nichts.
Dies war der Tag, an dem Chri sein Portemonnaie ein letztes Mal gesehen hat. Es war weg und ohne einen Schuldigen zu suchen, sind

wir uns ziemlich sicher, dass es weggenommen wurde. Ein Kontakt zu dem Mann war nicht mehr möglich, egal über welches Medium oder zu welchem Zeitpunkt wir es Wochen später noch versuchten. Wie vom Erdboden verschluckt; das Portemonnaie mit Chris Personalausweis und all seinen Bankkarten, sowie der Mann vom Outlander.

Ein Jahr später erlitt der Wagen aufgrund des Rosts einen Achsbruch. Ich würde sagen, dass war der schlechteste Autokauf unseres Lebens.

Auch kein Paradies

Ein Leben in Klimazone 5

Ein weiteres Buch in den Reihen der schwedischen Freiheitsluft? Muss denn ständig jemand über das Bullerbü Leben schreiben? Ist es tatsächlich Bullerbü? Haben die Schweden ein so viel besseres Leben? In Wirklichkeit sind wir doch alle in einem engen System, egal ob in Deutschland oder in Skandinavien.

Also erst einmal ist Schweden genauso ein Land mit Regeln und Gesetzen wie Deutschland. Vermutlich gibt es auf dieser Erde keinen Fleck ohne System. Zumindest keinen, in dem das Gefühl von Freiheit wirklich **frei** zugänglich ist. Und eigentlich mag ich System. Also selbstbestimmtes System und Struktur für mich und meinen Alltag. Doch Systeme, die von außen gesteuert werden und Menschen in ihren eigenen Vorstellungen per se einschränken, finde ich schwierig. Ich möchte jetzt keine Grundsatzdiskussion darüber entfachen, denn natürlich ist mir bewusst, welche Vorteile Systeme und Regelungen mit sich bringen. In diesem Fall, in unserem Fall, haben sie uns, wie bereits erwähnt, in unserer Würde und Menschlichkeit stark eingeschränkt. Die Folgen dessen wollten wir unseren Kindern weitestgehend ersparen. Also waren wir sozusagen auf der Suche nach einem Paradies. Obwohl nee, soweit würde ich nicht gehen. Sagen wir besser, wir wollten raus aus „Shithole Germany", wie der Lovepriest[16] zu sagen pflegt.
Wir haben uns genau aus zwei Gründen für Schweden entschieden:

---

[16] Für alle, die ihn nicht kennen: Tim Kellners YouTube Kanal

1. Schweden ist als einziges Land verhältnismäßig menschlich während der Corona - Pandemie mit der Bevölkerung umgegangen.
2. Schweden ist nicht am Arsch der Welt, von Deutschlands Perspektive betrachtet. Da unser Sohn Noam weiterhin regelmäßigen Kontakt zu seinem leiblichen Vater haben soll, war es uns wichtig, dass er ihn relativ leicht besuchen kann, ohne riesige Ozeane überqueren zu müssen.

Die deutlichen Vorteile der Gesetzgebung in Schweden sind unserer Meinung nach folgende:

- Das sogenannte und bekannte Allermannsrecht, auch bekannt als Jedermannsrecht oder „Allemansrätten" auf Schwedisch. Es ist ein Grundsatz des schwedischen Rechts, der das Recht eines jeden Menschen auf Zugang und Nutzung von öffentlichem Land in der Natur gewährt. Es erlaubt jedem, sich frei in der Natur zu bewegen, unabhängig davon, wem das Land gehört, solange keine Schäden verursacht werden und Rücksicht auf die Umwelt und die Rechte anderer genommen wird. Das Allermannsrecht erlaubt Aktivitäten wie Wandern, Zelten, Angeln, Schwimmen und Sammeln von Beeren oder Pilze in der Natur, solange sie nicht gegen lokale Regeln verstoßen oder private Eigentumsrechte verletzen.

Doch auch Schweden ist kein Paradies. Versuche einmal dich in Klimazone 5 ausgewogen zu ernähren.

Klimazone 5 in Schweden zeichnet sich durch kühle Sommer und lange, kalte Winter aus. Für Selbstversorger stellt diese Zone besondere Herausforderungen dar:
Die Vegetationsperiode dauert nur etwa 90 bis 120 Tage. Das bedeutet, dass die Zeit, in der Pflanzen wachsen und gedeihen können, sehr begrenzt ist. Daher ist es wichtig, schnell wachsende und kälteunempfindliche Pflanzen zu wählen, um eine gute Ernte zu erzielen.

Um sich ausgewogen zu ernähren, ist es sinnvoll, robustes Wurzelgemüse wie Kartoffeln, Karotten und Rüben anzubauen. Diese können gut gelagert werden und bieten auch im Winter eine wertvolle Nahrungsquelle. Gewächshäuser können helfen die Anbausaison zu verlängern und empfindlichere Pflanzen zu kultivieren. Viele Grundstücke verfügen über mindestens einen Erdkeller, der leider häufig zerfällt und kaum noch brauchbar ist.

Die Temperaturen können in dieser Klimazone schnell sinken, daher sind Frostschutzmaßnahmen unerlässlich. Mulchen, der Einsatz von Vlies und der Bau von Frühbeeten können helfen, Pflanzen vor plötzlichem Frost zu schützen.

Die Vorbereitung auf den Winter erfordert eine sorgfältige Planung. Einlagerung von Vorräten, Konservierung von Lebensmitteln durch Einmachen, Trocknen und Fermentieren sowie das Anlegen eines ausreichend großen Holzvorrats für die Heizung sind unerlässlich.

In den langen, dunklen Wintern ist eine zuverlässige Energieversorgung wichtig. Erneuerbare Energien wie Solar- und Windkraft können eine nachhaltige Alternative sein, um unabhängig von externen Energiequellen zu sein.

Unser Traum von einem freieren Leben in Schweden war also nicht ohne Herausforderungen. Doch die Freiheit und Nähe zur Natur, die wir hier gefunden haben, war uns jede Anstrengung wert. Schweden mag kein Paradies sein, aber es bot uns eine neue Perspektive und die Möglichkeit, unser Leben nach unseren eigenen Vorstellungen zu gestalten.

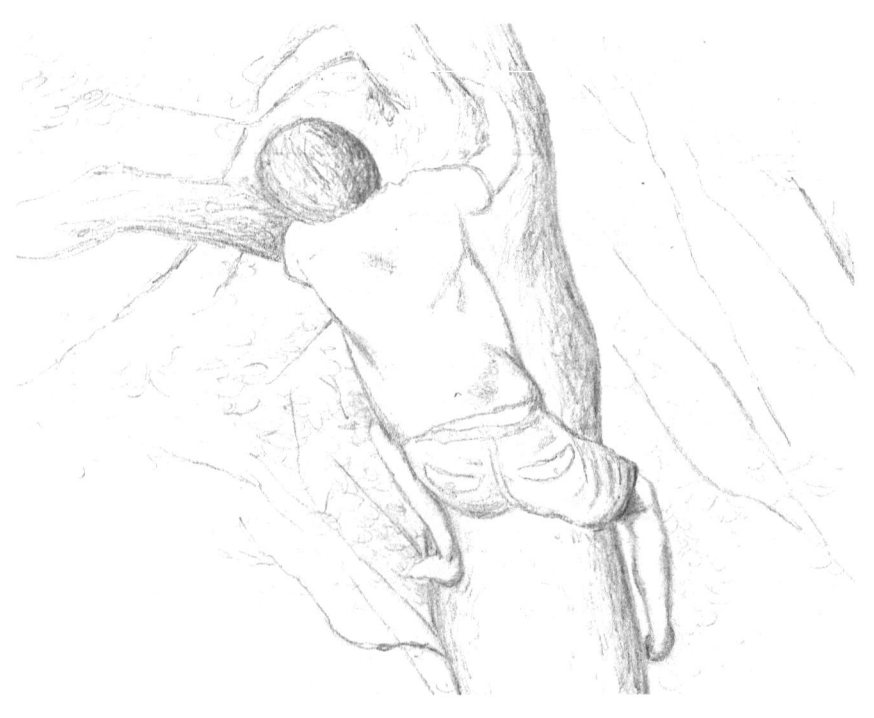

7

Naturheilmittel

In der vorchristlichen Zeit basierte die schwedische Heilkunde auf einer Kombination von Schamanismus und Pflanzenmedizin. Heilkundige, bekannt als „völva"[17] oder „sejdare"[18], nutzten heimische Pflanzen für Heilzwecke und spirituelle Rituale. Die Kenntnisse über Heilpflanzen wurden mündlich von Generation zu Generation weitergegeben.

In der heutigen Zeit reguliert die schwedische Gesundheitsbehörde streng welche Behandlungen als sicher und wirksam anerkannt werden. Alternative Heilmethoden wie Homöopathie haben es schwer, diese strengen Kriterien zu erfüllen. Der Schwerpunkt basiert auf wissenschaftlich fundierten Behandlungen. Medizinisches Personal in Schweden wird hauptsächlich in konventionellen medizinischen Ansätzen ausgebildet. Es gibt nur wenige Schulen oder Ausbildungsprogramme für alternative Heilmethoden, was zu einer geringeren Akzeptanz und Verbreitung dieser Methoden führt.

---

[17] **Völva** war eine nordische Seherin und Priesterin in vorchristlicher Zeit, die für ihre Fähigkeit bekannt war, die Zukunft zu prophezeien und Heilungsrituale durchzuführen. Sie nutzte magische Lieder, Trancezustände und Heilkräuter, um mit den Göttern und Geistern in Kontakt zu treten.

[18] **Sejdare** war ein nordischer Schamane oder Zauberer, der die Praxis des Sejd (oder Seiðr) ausübte. Sejd war eine Form der Magie, die Wahrsagung, Heilung und Beeinflussung von Ereignissen durch Rituale und Gesänge umfasste. Sejdare nutzten ebenfalls Pflanzen und Trancezustände in ihren Praktiken.

Chaga

Erster Mai 2022, Frühlingsanfang. Ja, tatsächlich ist es endlich soweit - the ground isn't frozen anymore! Yay! Ein paar wenige Wochen zuvor wuchs der erste Huflattich am Wegesrand, von grünen Wiesen noch lange keine Spur. Es sagte mal jemand, es gäbe hier keinen wirklichen Frühling. Der Übergang zwischen Winter und Sommer sei quasi fließend. Die Vorstellung, hier bald alles blühend und grün zu sehen, kaum denkbar. Der Schnee und das Eis haben sich über fünf Monate durchs Land gezogen, alles festgehalten, in sich eingeschlossen. Wir haben innegehalten. Ausgehalten. Ausgeharrt.

„We will survive." — Der vermutlich am häufigsten gesprochene Satz dieses Winters. Es war für mich verwöhnte Kartoffel eine krasse Erfahrung. Dieses wochenlange „Walking like Jesus" - on ice, das erste Mal zweistellige Minusgrade Tag ein, Tag aus erleben, die dunkle Zeit zwischen November und Februar.

Aber: Wenn es hell war, schien zu 90 % die Sonne. Es schien, als wäre alles hell erleuchtet, immer wieder, bevor sich das Land erneut in Dunkelheit hüllte. Ich muss sagen, dass diese frühe Dunkelheit in den Wintermonaten ungemütlich war. Aber insgeheim überwog das Glücksgefühl, erstmals im Leben einen **echten** Winter erlebt zu haben. Rückblickend betrachtet kombiniert mein Gehirn deutschen Winter mit nass und kalt. Hier war es zumindest meist trocken und klar kalt. Damit kann ich gut umgehen.

Zurück zum Anfang, zum Frühlingsanfang. Dem Neubeginn. So fühlt es sich an, so ist es. Wir haben verschiedene Pläne im Kopf. Visionen, Ideen, Sorgen und auch Ängste. Letzteres schiebt sich bei mir immer wieder ins Hinterstübchen und ich träume wieder. Von den Pferden am Haus. Von Ponycamps und einem Massagestudio für ganzheitliche Frauen- und Kindergesundheit. Was meint ihr – kann das was werden? Zeit für einen Absatz.

Ich nehme einen Schluck von meinem inzwischen kalt gewordenen Tee. Eine besondere Errungenschaft meines Mannes: Chaga. Ein Pilz, ein Tee, ein Lebensgefühl.

Der Chaga-Pilz, auch als „Schiefer Schillerporling" oder „Inonotus obliquus" bekannt, wächst hauptsächlich an Birken in kalten Klimazonen wie Skandinavien, Russland und Nordamerika. Er ist nicht nur für seine medizinischen Eigenschaften berühmt, sondern auch für seine einzigartige Erscheinung – außen schwarz und verkohlt, innen orange-braun und weich.

Chaga wird seit Jahrhunderten in der traditionellen Medizin verwendet, insbesondere in der russischen und osteuropäischen Heilkunde. Er enthält eine Vielzahl von bioaktiven Verbindungen wie Polysaccharide, Betulin, Betulinsäure, Melanin und Antioxidantien, die ihm seine heilenden Eigenschaften verleihen. Diese Substanzen sollen das Immunsystem stärken, entzündungshemmend wirken und sogar krebshemmende Effekte haben.

Ein besonders bemerkenswerter Aspekt des Chaga ist sein hoher Gehalt an Antioxidantien. Diese helfen freie Radikale im Körper zu neutralisieren, was Zellschäden vorbeugt und somit den Alterungsprozess verlangsamt. Chaga-Tee ist daher nicht nur eine wohltuende und wärmende Angelegenheit, sondern auch ein Beitrag zur langfristigen Gesundheit.

„Für alles Böse und Schlechte, was wächst, wächst das Gute immer schneller", so tönt es aus Chris Handy. Es läuft ein Podcast über eine Pandemie durch Ungeziefer, eine Thematik mit vielen alternativen Heilmethoden und neuen Denkansätzen. Die Stimme des

Podcastsprechers unterstreicht wundervoll Chris zartes Schnorcheln. Er ist auf dem Sofa eingedöst. Kein Wunder nach acht Stunden Büroarbeit, drei Stunden Waldarbeit und immer mal zwischendurch einem Ohr für Carearbeit. Die Nacht war ebenfalls durchwachsen, Violetta fieberte etwas und wuselte energisch mit ihren Füßchen.

Nun, zurück zum Tee. Die Gesunderhaltung seiner Familie: Das liegt meinem Mann sehr am Herzen. So beschäftigt er sich immer mal wieder tiefergehend mit verschiedenen Themen. Zum Beispiel wie er etwas cleverer, ressourcensparender und möglichst effizient bewerkstelligen kann.

Nun stehen auf unserem Grundstück einige Birken. Mit einige meine ich nicht ein paar, sondern einige mehr. Ich habe sie nicht gezählt. Bedauerlicherweise habe ich bei dem Kauf des Hauses nicht darauf geachtet, denn mein Sohn hat in der Vergangenheit allergisch auf Birkenpollen reagiert. Vielleicht wäre es ein deutliches Ausschlusskriterium gewesen. Nun sitzen wir im Birkenwald, ich wappne mich mit ätherischen Ölen gegen Nies- und Juckanfälle und ja, was macht mein Mann? Im Zuge seiner Grundstücksvisite und dem Erkennen von kuriosen Geflechten an den Bäumen und möglichen Erkrankungen recherchiert er die Besonderheiten, Krankheiten, Verhaltensweisen, ja auch Vorteile der Birke. Und siehe da...

Unsere Bäume sind hauptsächlich gesund. Es müssen nur wenige gefällt werden. Wir wollen alles weitere stehen lassen und somit das Wäldchen so naturbelassen wie möglich halten.

Knoblauch als Allheilmittel

Es war während unserer WG-Zeit, als wir die wahre Bedeutung von Knoblauch entdeckten. Zu jedem Essen gehörte Knoblauch und das Schamgefühl für Mundgeruch, wie wir es aus unserem alten Leben in Deutschland kannten, verging schnell. Dort war es fast undenkbar gewesen Knoblauch zu essen, wenn man noch unter Leute wollte. Aber hier, in unserer kleinen schwedischen Gemeinschaft, änderte sich das. Wir lernten, den Geschmack und die Heilkräfte des Knoblauchs zu schätzen.

Knoblauch, diese kleine weiße Knolle, ist ein wahres Wunder der Natur. In jeder Küche, die etwas auf sich hält, findet man ihn – ob roh, gehackt, gepresst oder gebraten. Doch was viele nicht wissen: Knoblauch ist nicht nur ein Geschmacksträger, sondern auch ein Heilmittel mit einer langen Tradition.

Wir begannen auch nach unserer WG-Zeit Knoblauch täglich zu nutzen. Sei es in der Pfanne mit Gemüse, fein gehackt über Salate gestreut oder als aromatische Basis für unsere Suppen und Eintöpfe. Der intensive Geschmack wurde schnell ein fester Bestandteil unserer Mahlzeiten und wir konnten uns kaum noch vorstellen, ohne ihn zu kochen. Der Knoblauch verlieh unseren Gerichten nicht nur Tiefe und Würze sondern brachte auch zahlreiche gesundheitliche Vorteile mit sich. Ich rechnete meist grob für jede Mahlzeit vier Zehen bei vier Menschen. Klingt viel, ist lecker!

Knoblauch enthält eine Verbindung namens Allicin, die freigesetzt wird, wenn die Knolle zerkleinert oder gehackt wird. Allicin ist bekannt für seine antibakteriellen, antiviralen und antimykotischen Eigenschaften. Es hilft, das Immunsystem zu stärken, Entzündungen zu reduzieren und sogar den Blutdruck zu senken. Kein Wunder, dass Knoblauch seit Jahrhunderten als Naturheilmittel geschätzt wird.

Unsere Zeit mit Nadja lehrte uns, dass Knoblauch weit mehr ist als nur eine Zutat. Er ist ein Lebensgefühl, ein Symbol für Gesundheit und Wohlbefinden. Nadja empfahl bei schwachem Immunsystem oder Infekten eine rohe Zehe zu essen, wahlweise gehackt auf dem Butterbrot oder im Tee.

Bei den ersten Anzeichen einer Erkältung bereiten wir nun eine einfache Mischung aus gehacktem Knoblauch, Honig und Zitrone zu. Diese nehmen wir dann löffelweise ein – eine natürliche Medizin, die ihre Wirkung nicht verfehlt. Auch bei Insektenstichen oder kleineren Wunden legen wir eine aufgeschnittene Knoblauchzehe auf die betroffene Stelle, um die Heilung zu fördern. Falls kein Knoblauch zur Hand ist, funktioniert es auch mit einer Zwiebel.

Hier, in unserer schwedischen Idylle, haben wir eine neue Wertschätzung für einfache, natürliche Heilmittel wie Knoblauch, entwickelt. Die Knolle ist zu einem Symbol für unseren Wandel geworden – von einem Leben, das durch Konventionen und Vorurteile geprägt war, zu einem Leben in Harmonie mit der Natur und ihren Gaben.

Die Birke

Die Birke. Ein Baum. Ein Heilmittel. Ein Teil unseres Lebens.

Es ist ein milder Sommermorgen, die Sonne wirft sanfte Strahlen durch die Zweige der Birken, die sich in unserem Wäldchen hinter dem Gästehaus erstrecken. Der Duft der feuchten Erde und das sanfte Rascheln der Blätter im Wind erfüllen die Luft. Es ist ein Anblick, der mich immer wieder aufs Neue wortwörtlich erdet. Die Birke, dieser elegante, weiße Baum, ist mehr als nur ein Teil der Landschaft – sie ist ein Geschenk der Natur.

Die Birke bietet eine Vielzahl von Naturheilmitteln, die uns im Alltag unterstützen. Ihr Saft, auch Birkensaft genannt, ist reich an Vitaminen und Mineralstoffen. Im frühen Frühling, wenn die Temperaturen steigen und der Saftfluss in den Bäumen beginnt, kann man den kostbaren Birkensaft sammeln. Dazu bietet es sich an ein schmales Loch in den Baum zu schrauben und mithilfe eines Strohhalmes den Saft in eine am Baum befestigte Flasche tropfen zulassen. Der klare, leicht süßliche Saft tropft ins Gefäß, bereit, uns mit seiner natürlichen Kraft zu erfrischen. Ich kann mich noch gut an den Baumhausbau erinnern. Wir mussten die Schrauben für das Gerüst versetzen und aus den ersten Löchern strömte der Birkensaft. Ich hielt einfach die Zunge an den Baum und ließ die Flüssigkeit direkt in meinen Mund fließen — erfrischend! In Schweden ist der Birkensaft ein traditionelles Getränk, das als wahres Wundermittel gilt, um den Körper nach einem langen Winter zu stärken.
Auch der Zucker aus der Birke, bekannt als Birkenzucker oder Xylit, ist ein wertvolles Naturprodukt. Wir nutzen ihn, um gesünder zu backen und unsere Speisen zu süßen. Birkenzucker hat den Vorteil,

dass er den Blutzuckerspiegel nur geringfügig beeinflusst und zudem gut für die Zahngesundheit ist. Kein Wunder, dass er in unserer Küche einen festen Platz hat. Der Prozess der Zuckergewinnung ist faszinierend: Die Rinde und das Holz der Birke werden verarbeitet, um diesen besonderen Zucker zu extrahieren. Ehrlich gesagt haben wir das aber selbst noch nicht probiert, sondern kaufen den Birkenzucker, bisher noch aus Deutschlands „dm online Store".

Im Herbst, wenn die Tage kürzer und die Nächte kühler werden, sammeln wir nach dem Holzspalten die abgefallene Birkenrinde. Sie ist ein hervorragendes Zündmittel für unser Kaminfeuer. Die Rinde enthält ätherische Öle, die schnell Feuer fangen und auch bei nassem Wetter zuverlässig brennen, also perfekt auch für ein Lagerfeuer. Oft sitzen wir am Abend ums Feuer herum, die Flammen tanzen und der Geruch von brennender Birkenrinde mischt sich mit dem Holzrauch. Es sind diese einfachen Momente, die unser Leben hier so besonders machen.

Die Birke ist nicht nur ein Baum – sie ist ein Symbol für das Leben und die Naturverbundenheit, die wir hier in Schweden gefunden haben. Ihre Blätter, die im Sommer im Wind flüstern und ihre Rinde, die uns in kalten Winternächten wärmt, sind ständige Begleiter. Der Baum erinnert uns daran, dass die Natur stets für uns sorgt, wenn wir lernen, ihre Gaben zu erkennen und zu schätzen.

Im Laufe der Jahreszeiten verändert sich die Birke, sie wächst und gedeiht, verliert ihre Blätter und ruht im Winter. Genau wie wir, passt sie sich an, lebt im Einklang mit der Natur. Und so sitzen wir hier, umgeben von Birken, dankbar für alles, was sie uns geben.

8

Wir sind die Ausländer

Fremde

In Deutschland war ich teil der Gesellschaft. Deutsch. Geboren und aufgewachsen im Land meiner Muttersprache. Von klein auf lernte ich Menschen aus anderen Ländern kennen, hörte verschiedene Sprachen, die mir fremd waren. Aber da waren eben die Anderen die Fremden.

Als Kind nahm meine Mutter mich mit in ein Asylheim, wir besuchten dort eine Familie aus (…) und ich sollte mit dem gleichaltrigen Mädchen spielen. Sie war schüchtern, ich verstand sie nicht. Es roch dort komisch und sie lebten mit mehreren Personen in einem Zimmer. Dort lagen viele Teppiche und uns wurde schwarzer, heißer Tee angeboten. Damals verstand ich nicht, weshalb sie dort waren. Weshalb sie dort lebten und vor allem, warum auf so engem Raum.

Ich kann mich erinnern, dass ich mich als etwas anderes fühlte als sie. Sie waren die Ausländer.

So war es auch in der Schule. Mitschüler aus anderen Ländern, die womöglich kein hochdeutsch sprachen, waren Ausländer. Oft waren sie in Gruppen zusammen, machten Ärger, waren laut. Mir war der Kontakt unangenehm. Ich wusste nichts über ihre Kultur, ihre Herkunft, weshalb sie hier waren oder wo sie geboren waren. Es war für mich bereits als Kind ein Unterschied sichtbar.

Im Berufsleben gab es dann Situationen, in denen ich mich dabei erwischte, es nervig und anstrengend zu finden, mit Kollegen aus anderen Ländern zu arbeiten. Teilweise sprachen sie undeutlich oder schlecht Deutsch. Ich musste versuchen zwischen Arzt und Gebärender zu vermitteln, da diese Sprachbarriere bestand. Oder es war auch mal andersherum: Die Gebärende sprach kein Deutsch und wir versuchten mit Händen und Füßen aufzuklären, was wir empfehlen, tun möchten, therapieren wollten und so weiter.

In Deutschland fühlte ich mich in meinem Safespace, wenn ich auf andere Kulturen oder Sprachen traf. Da war ich diejenige, die „der richtigen Sprache" mächtig war. Macht beschreibt es ganz gut, denn es hat auch etwas mit Macht zu tun. Sich leicht verständigen zu können, einander zu verstehen, gibt Sicherheit und Macht in den jeweiligen Situationen.

Sprache

Jetzt war alles anders. Ich verstand kein Schwedisch, konnte es nicht sprechen. Wenn ich versuchte es zu lesen, nahm ich an, den Kontext ansatzweise verstehen zu können, denn die deutsche Sprache ist mit der schwedischen verwandt. Doch ohne Übersetzungstools ging nichts. Bis heute bin ich sehr dankbar für die Möglichkeiten der schnellen Übersetzungen mittels Apps und Internet. Es ist ein Riesenvorteil, in dem Land zu leben, dessen Sprache man lernen möchte. Wäre das Ganze just for fun gewesen, hätte ich mich nicht so unwohl gefühlt. Doch wir wollten für länger bleiben, vielleicht sogar für immer. Wir wollen hier leben, arbeiten, uns richtig integrieren. Die Sprache ist der Schlüssel zur Bevölkerung, der Schlüssel zum Kontakt.

Ja, viele Schweden sprechen Englisch und zwar definitiv besser als viele Deutsche. Doch spüre ich wahrhaftig einen Unterschied in der Atmosphäre, wenn ich versuche mit den Schweden in ihrer Muttersprache zu kommunizieren. Sie freuen sich so sehr, werden offener und die meisten ignorieren meine Fehler. Sie geben mir das Gefühl, dass ich schon richtig gut spreche, und ermutigen mich, weiterzulernen. Sie sind sehr bemüht, mir weiterzuhelfen und geben mir ein Gefühl der Zugehörigkeit. Ich empfinde die Schweden allgemein als sehr positiv. Sie sind distanziert, ja. Aber sie versprühen deutlich weniger Negativität, als ich es aus Deutschland gewohnt war.

Als Migrant gibt es ein kostenloses Angebot, die schwedische Sprache zu erlernen. Sobald man registriert ist und eine Personennummer erhalten hat, bietet die jeweilig zuständige Kommune Sprachkurse an. Sowohl in Distanz als auch in Präsenz, angepasst an das persönliche Niveau. Um in den richtigen Kurs aufgenommen zu werden, nimmt jeder Schüler an einer kleinen Eingangsprüfung teil. Im Anschluss erfährt man, welchem Kurs man zugeteilt wurde.

Bei uns im Dorf fanden die meisten Unterrichtsstunden zwischen 8.30 Uhr und 12.00 Uhr statt. Es gab auch Nachmittagseinheiten, an denen ich aus Zeitgründen seltener teilgenommen habe.

Es hat ungefähr ein halbes Jahr gedauert, bis ich das Leistungsniveau der Sprache Schwedisch auf B1[19] erreicht hatte. Im Hör- und Leseverstehen wurde ich bereits auf B2 eingestuft. Da ich schneller vorankommen wollte, entschied ich mich für einen kostenpflichtigen Online - Weiterführungskurs bei der „Folksuniversitet" und erreichte innerhalb von drei weiteren Monaten ein stabiles B2 und beginnendes C1 Niveau in allen Bereichen. Es machte Spaß im natürlichen Fluss der Gespräche mehr verstehen und daran teilhaben zu können. Allerdings ließ mich mein Perfektionismus weiterhin beim Schriftverkehr Übersetzungstools zur Unterstützung verwenden, um auf Nummer sicher zu gehen.

Die größte Herausforderung ist vermutlich die schwedische Sprachmelodie. Vielleicht seid ihr ja neugierig und mögt mal ein schwedisches Lied hören oder in einen schwedischen Radiosender reinhorchen. Die Schweden singen ihre Sätze. Man kann sich in jedem Fall auf das Geschriebene null verlassen. Es wird in den meisten Fällen ganz oft anders ausgesprochen, als es geschrieben wird. Ein klassisches Beispiel ist das bekannte Essen bei IKEA:

19

Die Bezeichnungen für Sprachniveaus wie A1, A2, B1, B2, C1 usw. folgen dem gemeinsamen Europäischen Referenzrahmen für Sprachen. Dieses System wurde entwickelt, um Sprachkenntnisse standardisiert zu beschreiben und zu vergleichen. B1 bis C2 sind die Hauptstufen, wobei B1 Anfänger und C2 fortgeschrittene Sprachkenntnisse repräsentiert. Sie werden oft in Sprachkursen, Prüfungen und Lehrmaterialien verwendet, um den Lernfortschritt und die Fähigkeiten in einer Fremdsprache zu beschreiben.

Köttbullar. Wir Deutschen sprechen es so, wie es geschrieben steht, doch spricht der Schwede in diesem Fall statt des „K" ein „Sch", also: Schöttbullar. Naja, und die Melodie ist dann auch noch eine andere, als wir es vermuten würden. Wie dem auch sei, oder auch auf Schwedisch: „Hur som helst", gesprochen: Hür ssomm hellsst!

Hinzu kommt, dass in Schweden, genauso wie in vielen anderen Ländern auch, die verschiedenen Regionen unterschiedliche Slangs und Aussprachen haben. Das macht es nicht gerade einfacher. Bei uns in der Region Ljusnarsberg Kommun wird angeblich auch ein sehr schwerer Akzent gesprochen. Ich kenne die Unterschiede noch nicht gut genug, als dass ich dazu etwas sagen könnte.

Möchtest Du nach Schweden reisen oder sogar Auswandern, kommst Du vermutlich mit Englisch gut weiter. Doch um wirklich in die Kultur und Lebensweise des Landes einzutauchen, empfiehlt es sich sehr, Schwedisch zu lernen. Wenn Deutsch deine Muttersprache ist, wird es Dir vermutlich auch gar nicht so schwerfallen.

Unser Sohn, nicht der englischen Sprache mächtig, musste von einem Tag auf den anderen mit der schwedischen Sprache klarkommen. Innerhalb von sieben Monaten hatte er es drauf. Er kam wunderbar zurecht, hat nebenbei auch sein Englisch extrem verbessert. Durch das Spielen mit Kindern aus den unterschiedlichsten Kulturkreisen sprachen sie sowohl Englisch als auch Schwedisch miteinander. Nach 2,5 Jahren konnte er beide Fremdsprachen fließend. Sicherlich passierten noch grammatikalische Fehler oder ihm fehlten Vokabeln. Doch er konnte sich weitaus besser verständigen als wir. Und so kam es, dass ich ihn oft um Hilfe bat und er mich unterstützte, sei es beim Einkaufen, Elternsprechtagen oder anderen sprachlichen Berührungspunkten.

Unsere Tochter kam im Alter von zwei Jahren mit der schwedischen Sprache in Kontakt: durch den Kindergarten. Wie es ihr damit erging, habe ich im Kapitel „Förskola" beschrieben.

9

Die Härte
meines Bullerbüs

„Bullerbü" ist ein Begriff, der auf die idyllische ländliche
Lebensweise in Schweden verweist, insbesondere in Anlehnung an
die Kinderbuchreihe „Die Kinder aus Bullerbü" von Astrid Lindgren.
Der Begriff steht metaphorisch für ein friedliches und harmonisches
Dorf- oder Landleben, das von engen Gemeinschaftsbindungen,
unbeschwerter Kindheit und einer einfachen, naturnahen
Lebensweise geprägt ist. Bullerbü symbolisiert eine heitere und
nostalgische Vorstellung von ländlicher Idylle, die oft mit einer Fülle
von Natur, Freiheit und Gemeinschaftsgeist assoziiert wird.

Wir er-leben hier in Schweden unser persönliches Bullerbü. Ich
möchte betonen, dass wir auf der Suche nach Freiheit fündig
geworden sind. Vielleicht ist es nicht die ultimative Freiheit, doch
macht es einen erheblichen Unterschied zu unserem bisherigen
Lebensgefühl. Hier am Wald, mit unseren Tieren und kleinem
Holzhäuschen, bei jeder wilden Jahreszeit, hier leben wir in Freiheit
mit der Natur.

Doch diese Freiheit kostete Opfer. Damit meine ich nicht nur jene,
die wir zahlten, um diesen Schritt überhaupt erst zu verwirklichen.

Sondern das, was Bullerbü für uns wirklich ist. Das Echte und eben besonders die „harten Herausforderungen".

Im Folgenden erzähle ich von Ausschnitten unserer Erlebnisse, die ich so vermutlich, ohne dieses neue Leben, nicht bewusst erfahren hätte. Trigger Warnung: Es kommen Todesfälle vor.

Am verlassenen Haus

Das alte, verlassene Haus war irgendwie das Aushängeschild für den Stall, in den meine Pferde eingezogen waren. Vor gar nicht allzu langer Zeit lebte dort noch eine Familie. Doch die Familie trennte sich und ging andere Wege. Im Keller des Hauses befand sich der Wasseranschluss. Dort holte ich täglich Wasser für die Pferde. Es war ein großer Keller mit vielen Räumen und halboffen stehenden oder geschlossenen Türen. Überall lag Sperrmüll, es leuchtete nur eine kleine Lampe, sonst war es dunkel. Dieses Haus war ein gutes Beispiel für die strukturschwache Gegend. Einst war Kopparberg wirtschaftlich gut aufgestellt, doch diese Zeiten waren längst vorbei. Es schien eine Villa gewesen zu sein, doch der Glanz war verborgen unter all dem Schutt und Schrott.
Zwei Frauen vom Stall, die auch dort ihre Pferde eingestellt hatten, erzählten von einem Mann, der dort noch wohnen würde. Sie sprachen von einem Toten und waren der Ansicht, dass sie seinen Geist spürten. Es gab merkwürdige Geräusche und die Kellertür nach draußen fiel immer wieder zu, auch wenn es windstill war. Ich kann nicht leugnen, dass mir auch mulmig zumute war. Doch gab es keine andere Wahl. Manchmal fragte ich Chri, ob er für mich Wasser holen könnte. Er fürchtete sich nicht. Natürlich nicht, denn an so einen Quatsch glaubte er nicht. Er fürchtet sich generell nicht, auch nicht

im Dunkeln oder in anderen klassischen Situationen, in denen ich mich extrem unwohl fühlen würde.

Der erste Winter in Schweden war hart. Alles andere wäre gelogen.
In diesem Kapitel möchte ich über meine Erlebnisse in Bezug auf Tod und den Tötungsvorgang von Pferden berichten. Es steht in keinem direkten Zusammenhang mit allen weiteren Kapiteln. Es gehört dennoch zu meiner Entwicklung und meinem Erfahrungsschatz. Wenn es dir schlecht dabei geht, über Tod und das Töten von Tieren zu lesen, fühle dich frei, dieses Kapitel zu überspringen.

Loppan

Es kam ein ausrangiertes Pferd von der Trabrennbahn in den Stall. Zwei Schwestern konnten sie günstig erwerben und wollten ihr einen neuen Start als Reitpferd ermöglichen. Loppan, so hieß die Stute, war sehr nervös, wie es für Traber von der Bahn wohl üblich ist. Meiner Einschätzung nach hatte sie einen langen Weg zu einem sicheren Reitpferd vor sich.
Meine Pferde standen in einem Zweierstall, getrennt von den anderen Pferden. Die Scheune war in drei unterschiedliche Stallbereiche eingeteilt, sodass jeder Pferdebesitzer eine Art eigenen Stall hatte. Da fast alle anderen Pferde Hufeisen trugen, im Winter natürlich mit Spikes versehen, und meine Pferde barhuf waren, wollte ich sie aus Sicherheitsgründen nicht mit anderen Pferden zusammen lassen. Die Paddocks waren in verschiedene Segmente eingeteilt, damit die Pferde gruppenweise zusammen sein konnten. Als neues Pferd musste Loppan zuerst in einen Einzelpaddock, eine sogenannte Quarantäne – Zeit, bis die Ergebnisse der Kotproben da waren. Ein

ganz normales Vorgehen, wenn neue Pferde an den Stall kommen. Schnell stellte sich heraus, dass ihr Bewegungsablauf pathologisch aussah. Es mochte für einen Laien schwer zu erkennen sein, aber jeder Pferdefachmann hätte sofort festgestellt, dass das Pferd lahmte. Man wusste nicht genau, weshalb sie von den Rennen ausgeschlossen und verkauft wurde. Ich persönlich werde hellhörig, wenn ein solches Pferd abgegeben wird. Das soll nicht heißen, dass alle Pferde, die vorm Schlachter gerettet werden, nicht reitbar sind, aber sagen wir mal so... die Wahrscheinlichkeit ein gesundes und reitfreudiges Pferd dabei zu erwischen, ist vermutlich gering.

Nun denn, Loppan war gekauft. Lahm, quasi platt und es brauchte eine Lösung. Es folgten Tierarztbesuche und verschiedene therapeutische Ansätze. Nichts Gescheites half, man fand keine Diagnose, geschweige denn eine gute Therapie. Es wurde recht schnell klar: ein zeitnah schmerzfreies Leben ist nicht drin. Steckt man also sein Hab und Gut in Diagnostik?

Ich sprach zu dem Zeitpunkt noch kein Schwedisch und manchmal kam es zu Missverständnissen durch die Sprachbarriere, auch wenn wir uns auf Englisch verstanden. Deshalb möchte ich an dieser Stelle erwähnen, dass ich nicht sicher bin, ob ich den gesamten Verlauf richtig verstanden habe. Das Ende vom Lied habe ich jedenfalls mitbekommen: Loppan sollte über die Regenbogenbrücke galoppieren. Zeitig.

Ich dachte an eine klassische Einschläferung. Was nach einer unkomplizierten Sache aussieht, ist hierzulande wohl recht kostspielig und somit etwas anders. Es gibt viel häufiger die Variante des Bolzenschusses auf dem Hof, nicht etwa ein vorheriger Transport ins Schlachthaus. In diesem und in einigen anderen Fällen wurde also ein Fachmann gerufen, der das Pferd auf dem Hof mit dem Bolzenschussgerät erschoss und im Anschluss mittels Stich in die

Aorta ausbluten ließ/tötete. Danach zieht er den Tierkörper auf einen Anhänger und bringt diesen in eine Tierverwertungsfabrik. Das Ganze kostet den Pferdebesitzer um die 8000 SEK.

Ich war zu Beginn geschockt. Geschockt, dass das einfach so auf dem Hof machbar war. Aber warum eigentlich? Vermutlich durch mein sensibles Herz, welches diesen Vorgang schlichtweg nicht kannte. Ich wusste, es gab die Option sein Pferd zum Schlachter zu fahren, aber das der „Schlachter" nach Hause kommt?!

Als ich am Abend, nachdem Loppan erlöst wurde, zum Stall kam, um Malina und Annabell reinzuholen, waren die Zwei ganz aufgeregt. Sie machten einen etwas verstörten Eindruck, hatten es eilig in ihre Boxen zu kommen. Auch fiel mir auf, dass sie auf dem Paddock den ganzen Tag kein Wasser getrunken hatten, denn der Bottich war noch randvoll. Es mag sich jetzt anhören wie eine Illusion, doch ich habe es mit meinen eigenen Augen gesehen: in dem Wasser schwamm ein Blutkoagel. Sofort prüfte ich, ob die Pferde eine Verletzung hatten, aber nichts dergleichen. In meinem Kopf spann sich ein Horrorszenario der Tötung zusammen. Vielleicht flogen Blutreste beim Aufladen des Körpers auf den Anhänger im hohen Bogen in den Wasserbottich. Vielleicht waren meine Pferde so aufgeregt, weil vor ihren Augen ein Pferd erschossen wurde und vielleicht bildete ich mir das alles auch nur ein. Nach längerem Recherchieren bekam ich heraus, dass sie Loppan tatsächlich in Sichtweite der anderen Pferde erlösten. Das Bolzenschussgerät ist bei weitem nicht so laut wie ein Gewehr, doch sollte ich später selbst noch neben einem solchen Gerät stehen und hören, wie laut es tatsächlich war.

Was auch immer in den Köpfen der Pferde vorging, ich wollte nicht übertreiben und die gesamte Situation vermenschlichen. Vermutlich war es für sie halb so wild und sie hatten lediglich ihren üblichen

Stalldrang am Abend, den ich in meiner Gefühlswelt überzogen betrachtete. Vielleicht hatte ich aber auch genau den richtigen Riecher und es war ein traumatisches Ereignis. Das Geschehene konnten wir nicht mehr ändern. Sie lernten damit umzugehen und gleiches sollte auch für mich gelten.

In der Zwischenzeit verloren wir noch zwei weitere Pferde am Stall. Der Stute Doris wurde das Glatteis zum Verhängnis und sie stürzte. Dadurch verletzte sie sich so stark, dass die Verletzung trotz Klinikbesuch und verschiedenen Tierarztvisiten für irreparabel erklärt wurde.

Ein weiteres Pferd, Satina, erlitt über Nacht eine schwere Kolik und wurde am Morgen mit komplettem Kreislaufkollaps aus der Box gezogen. Auch für sie kam jede Hilfe zu spät und die gerufene Tierärztin musste sie erlösen.

Es sind diese Momente, die eines Pferdemenschens schlimmster Alptraum sind: zum Stall zu kommen und ein krankes oder womöglich totes Pferd vorzufinden. Jeden Morgen hielt ich kurz die Luft an, während ich die Stalltüren öffnete und hindurch lugte, und hoffte, Malina und Annabell wohlbehalten vorzufinden. Und ich hatte Glück! Zumindest in diesem Stall blieben uns böse Überraschungen erspart.

Piolin

Piolin war wohl das freundlichste Shetlandpony der Welt. Sie war schon weit über 20 Jahre alt, genau wusste man es nicht, und ließ die Kinder um sich herumspringen. Ich war es gewohnt, dass Ponys schnell genervt waren oder einfach mal frech zuschnappten. Es passierte mir des Öfteren, dass ich von kleinen Ponys gebissen wurde oder sie nach Menschen ausschlugen. Natürlich hat es mit der Weise ihrer Aufzucht oder besser, dem Umgang der Menschen mit ihnen, zu tun. Kein Pony hat per se einen bösartigen Charakter. Doch fiel es auf, dass die Kleinsten oftmals die Frechsten des Stalls waren. Piolin war da anders. Die geborene Freundlichkeit. Violetta war noch ganz klein, konnte gerade so laufen, da führte sie Piolin schon über den Hof. Meine Sorge war, sie könne Vio ins Gesicht schnappen, war Piolins Maul doch genau auf ihrer Kopfhöhe. Doch niemals machte sie irgendwelche frechen Anstalten. Der Besitzerin fehlte häufiger das nötige Kleingeld, sodass wir von Herzen gern die Zahnarztkontrolle für Piolin übernahmen. Irgendwie fühlte es sich so an, als wäre sie die erste Reitbeteiligung für Vio. Wir hatten eine wirklich schöne Zeit mit dem kleinen schwarzen Pony.

Als wir bereits mit den Pferden zu uns ans Haus umgezogen waren, bekam ich per Zufall die Nachricht, dass Piolins Leben beendet werden sollte. Ich war schockiert und verstand nicht wieso. Sie habe zu sehr abgenommen, ihr Alter würde ihr zunehmend Schwierigkeiten bereiten. Aussagen, die ich für ein Shetlandpony wirklich schwierig finde. Shettys sind unfassbar zäh und sie sah, ich überzeugte mich selbst, definitiv nicht schlechter aus als der alte Traber aus dem Nachbarpaddock, der immer noch am Leben erhalten wurde. Doch wer bin ich, dass ich mir ein Urteil über die Entscheidungen anderer Menschen erlaube?

Ich entschloss bei ihrem letzten Gang dabei zu sein. Ich wollte den Typen näher kennenlernen, der immer gerufen wurde, um Pferde zu erlösen. Ich wollte wissen, wie schnell die Pferde wirklich starben. Das hört sich vielleicht makaber an, doch als Tierbesitzerin würde es mich auch irgendwann treffen und ich käme in eine Situation, bei der ich zwischen Leben und Tod entscheiden müsste. Ich wollte vorbereitet sein, den schnellsten Weg herausfinden. Kein langes Leiden, wie es bei Einschläferungen der Fall sein kann. Außerdem wollte ich mich von Piolin verabschieden. Ich überlegte ernsthaft, sie zu retten. Doch befanden wir uns in einer Lebensphase, in der kein weiteres Pferd in unserem Stall Platz finden würde. Es war bereits ziemlich viel für uns. Chri war sowieso dagegen, Tiere „zu sammeln" und solche Entscheidungen müssen einfach von der ganzen Familie getragen werden. So konnte ich ihr leider keinen Lebensplatz geben. Piolin hatte sichtlich Probleme mit dem Fellwechsel, doch sonst fiel mir nichts Besonderes auf. Es war ein echtes Trauerspiel.

Da die Besitzerin nicht dabei sein wollte, bot ich an, bei Piolin zu bleiben. Wir gingen hinter die Scheune, schoben ein paar Möhren ins Pony und noch bevor sie richtig aufgefressen hatte, lag sie schon am Boden. Der Schuss erschrak die anderen Pferde, die hinter uns am Zaun neugierig zuschauten. Sie sprangen zurück und galoppierten zum Eingang.
Piolin war unwiderruflich über die Regenbrücke getrabt und ich glaube nichts tat in diesem Moment mehr weh, als zu wissen, dass sie es einfach absolut nicht verdient hatte.

Die ersten eigenen Hühner

Im Kreise der Selbstversorger gehört die Hühnerhaltung wie das Salz in der Suppe dazu. Wirklich, gefühlt jeder „aus der Schiene" scheint eigenes Geflügel zu halten. Sei es für das Sammeln von Eiern oder den Verzehr des Fleisches. Ich hatte nie Bezug zu Vögeln, achtete aber schon länger auf die Haltungsbedingungen beim Kauf von tierischen Produkten. Mir wurde gesagt, dass Hühner die perfekten Tiere zum Einstieg in die Selbstversorgung seien. Witzig anzusehen, einfach in der Haltung und mit vielversprechender Erfolgsgarantie in Bezug auf den Ertrag und den Nutzen. Ich möchte an dieser Stelle eine persönliche Anmerkung loswerden: Als sehr verantwortungsvoller und perfektionistisch veranlagter Mensch habe ich schmerzlich erfahren müssen, dass jedes Lebewesen extreme „Umsorgungsgefühle" in mir auslöst und somit eine potentielle Last darstellt.   Für mich war also der Entschluss zur Hühnerhaltung schwerer als gedacht.

Wir hatten als Familie von Anbeginn abgemacht, dass wir die Hühner, die keine Eier legen, schlachten und essen werden. Ebenfalls war es ein ungeschriebenes Gesetz, dass für kein Huhn der Tierarzt gefunden oder besucht wird. Auch an dieser Stelle: alles leichter gesagt als getan.

Wir hatten einen witzig-schönen ersten „Hühnersommer": vier Hennen und ein Hahn zogen im Juni 2022 bei uns ein. Sie bekamen Namen und wir einen persönlichen Bezug. Gisela war die handzahmste, da sie bei den Vorbesitzern besonders umsorgt wurde. Sie wurde von ihnen gerettet und somit extra gepäppelt, bis ihr Gefieder wieder strahlte und ihre Augen glänzten. Für die Kinder war der nähere Umgang mit dem Huhn eine schöne Erfahrung. Sie ließ sich streicheln und leicht auf den Arm nehmen.

Goldie war ein schwedisches Blumenhuhn und wie der Name schon sagt, das Huhn mit dem goldigen Gefieder. Ihre Superpower war ihre Schnelligkeit. Da sie ziemlich ängstlich war, sprang sie flink beiseite, sobald man nur in ihre Nähe kam. Leider legte sie keine Eier. Wir kannten nicht ihr genaues Alter, vermuteten aber, dass sie älter war. Als es im Oktober ums Schlachten ging, stand sie auf der Liste. Genauso traf es Gisela, die anscheinend auch kein Ei legte. Gisela war aber Noams Lieblingshuhn und so arrangierte ich eine Rettungsaktion: Freunde von uns würden sie übernehmen und vor dem Beil retten. Sie bekam lebenslanges Wohnrecht, auch ohne Eierertrag. Gisela ist dann zwar noch ein weiteres Mal umgezogen, hatte aber noch ein feines Leben und ist sogar in der Rangordnung merklich aufgestiegen! Im Winter 2023 wurde sie sehr krank. Leider musste sie dann erlöst werden.

Im Nachhinein würde ich einiges anders machen. Mir schmerzt das Herz, wenn ich an diese Momente zurückdenke. Noam, wie er ein letztes Foto mit seinen Hühnern machte, bevor das eine umzog und das andere zur Schlachtbank kam.
Es sollte nicht das letzte Mal gewesen sein, dass geschlachtet wurde. Es ist die harte Realität, wenn man als Fleischesser als Selbstversorger starten möchte: das Schlachten von Tieren gehört dazu. Auch wenn wir alle rein faktisch verstanden, dass es normal und so viel gesünder ist, blieb es für Noam und mich eine große Herausforderung. Er wollte auch bei keinem Schlachtvorgang dabei sein und das war absolut in Ordnung. So wie meinem Papa, der als Kind beim Schlachten von Kaninchen seinem Vater helfen musste, sollte es ihm nicht gehen. Für Noam war es eine Zerreißprobe: Er mochte gern Fleisch essen, während sein leiblicher Vater schon viele Jahre vegan lebte. Er wollte die Tiere als Haustiere behalten,

während Chri sie als Nutztiere betrachtete. Fairerweise muss ich erwähnen, dass wir es wirklich als Familie so abgemacht hatten, dass die Hühner Nutztiere sein würden. Doch mein Herz ist schnell weich geworden. Ich konnte jedes Gefühl von Seiten Noams nicht nur verstehen, sondern auch nachempfinden. Es gab dann eine Zeit, in der Noam kein Fleisch mehr essen wollte. Die gab es auch bereits in Deutschland mal, aber es fiel ihm schwer dranzubleiben.

Als Fazit hierzu kann ich nur sagen: Er ist absolut über sich hinausgewachsen! Nach wie vor ist sein Wunsch, dass kein Huhn sterben soll, aber er isst weiter Fleisch und auch das von unseren Hühnern. Er isst bewusster, wir essen bewusster. Wir kaufen viel bewusster ein und schlachten zu 100% bewusst und tiergerecht. (Wenn man beim Schlachten von Tiergerechtigkeit sprechen kann.)

Eines seiner Lieblingshühner, die Susi, ist nach einiger Zeit unerklärlicherweise tot umgefallen. Wir bekamen es sofort mit, da ihre Freundin Matilda, unsere älteste und letzte überlebende Henne der ersten Schar, richtig stark Rabbatz machte. Alle anderen Hühner versteckten sich im Stall, während Matilda auf der Lichtung stand und deutlich machte, dass etwas nicht stimmte. Ich ging auf die Suche nach dem Problem und fand unweit von ihr die tote Susi, ohne äußere Auffälligkeiten. Wir schauten direkt, woran es gelegen haben könnte. Beim Öffnen des Körpers kamen uns einige halbfertige Eier entgegen. Sie hatte vermutlich ein Problem mit dem Eilegeapparat, was bei diesen „Industriehühnern" häufiger vorkommen kann. Sie sind schlichtweg überzüchtet. Susi hatte in der Tat die beste Legeleistung zu verzeichnen. Als es nun Aus mit ihr war, landete der Rest in der Suppe. Auch Noam aß von ihr und er hatte kein Problem damit. Es war die wahrscheinlich schönste Suppenhuhnerfahrung, die wir je gemacht haben: Ein Huhn stirbt eines, sagen wir halbwegs, natürlichen Todes, hat uns zuvor mindestens 200 Eier geschenkt, diente uns dann als Nahrung und die Schlachtreste wurden der Natur zurückgegeben. Ohne, dass wir entscheiden mussten, dass sie gehen wird und ohne, dass wir die Tötung vollzogen haben. Der wohl der schönste Lebens- und Todeskreislauf, den ich mir als Selbstversorger vorstellen kann.

Leider erging es nicht allen so „bullerbü - mäßig"...
Unser Hahn Obelix hatte von Anbeginn merkwürdige Füße und entwickelte mit der Zeit einen komischen Gang. Er war generell ein sehr ruhiger und zurückhaltender Hahn. Wir mussten die schmerzliche Erfahrung machen, dass er vermutlich von Anfang an, als wir ihn bekamen, krank war. Denn als ich ihn eines Tages dabei beobachtete, wie er vor Schmerzen nicht mehr stehen konnte und bereits von Parasiten übersät war, erlösten wir ihn sofort. Chri und die Kinder haben ihn dann im Wald beerdigt, dort wo auch alle anderen Hühnerreste begraben lagen. Gott sei Dank hatten wir bereits Nachwuchs von ihm und die Hühnerschar war nur kurz ohne männliche Leitung.

160

Minus 35 Grad

Besonders in den kalten Wintermonaten gehe ich abends spät nochmal zu den Pferden, um ihnen Rauhfutter für die Nacht zu geben. Wie ihr ja bereits in den vorherigen Kapiteln erahnen konntet, liegt mir die Gesundheit meiner Pferde sehr am Herzen. Um lange Fresspausen zu vermeiden und ihnen die Möglichkeit zu geben, sich durch das Kauen und Verdauen von Futter warm zu halten, nehme ich diese nächtlichen Ausgänge sehr ernst. Mit dabei ist oft unser treuer Hund Buddy. Er liebt es vor dem Schlafen durch den Schnee zu wetzen und möglichen Rehwildspuren zu folgen. Jene, die zur Familie unserer Wohngegend gehören. Er jagt sie nicht wirklich, er hat keine Chance. Aber eine klassische Runde ums ganze Haus und durch den Wald ist immer mit drin.

w e c h[20]

In dieser Nacht sollte es extrem kalt werden. Wir hatten gegen 22.30 Uhr bereits um die minus 28 Grad. Ich fütterte die Pferde, hatte sie bereits am frühen Abend eingedeckt und kontrollierte ihren Gesundheitszustand. Sie schienen mit der Situation und der Kälte gut zurechtzukommen. Pferde mögen es lieber kühler, wobei jegliche Temperaturen unter zehn Grad doch sehr kalt sind.

Wie dem auch sei, während ich mich um die Pferde kümmerte, vergaß ich Buddy. Nichts Außergewöhnliches, denn er schnupperte schnell mal weiter weg durch die Gegend, ohne dass ich es groß bemerkte. Ich pfiff, ich rief, kein Buddy. Also ging ich erstmal rein. Er würde schon wieder auftauchen. Spätestens nach 30 Minuten

---

[20] „w e c h" im Sinne von weg/ verschwunden

tauchte er immer wieder auf, er war noch nie länger weg. Nach gesagter Zeit wagte ich einen Blick auf die Veranda: kein Buddy. In der Ferne hörte ich einen Hund bellen, das musste er sein!

Ich rief, doch er bellte weiter. Ich hatte Sorge, er würde Nachbars Hunde aufwühlen oder vielleicht Wild stellen. Die Situation fühlte sich ungut an. Christian kam hinzu und rief super laut nach ihm. Seine Tonlage klang sehr streng. „BUDDY! KOMM HER!" Das Bellen verstummte. Gut, dachte ich. Er wird es gewesen sein und gehört haben. Jetzt macht er sich bestimmt auf den Heimweg. Zehn Minuten später war er immer noch nicht daheim. Ich entschied in seine Richtung zu gehen, also in jene, aus der das vorherige Bellen erklang. Der Schnee knarzte unter meinen Stiefeln, ich hielt an. Es war mucksmäuschenstill. Ich pfiff, ich rief. Nichts. Es mussten inzwischen zwei Stunden seit seinem Verschwinden vergangen sein, sodass ich mich entschloss, das Auto zu nehmen und die möglichen Strecken abzufahren. Auch versuchte ich, Spuren im Schnee zu erkennen und gegebenenfalls querfeldein durch den Wald zu marschieren. Doch die Spuren waren unklar. Überall gab es seine Pfotenabdrücke, hin und her, im Kreis, in den Wald und wieder heraus. Ich konnte keine frische Spur deuten. Auch mit dem Auto hatte ich keinen Erfolg. Der Hund war weg.

Christian meinte, er würde schon noch nach Hause kommen. Vielleicht sucht er sich für die Nacht ein sicheres Plätzchen und kommt am Morgen wieder. Doch es waren minus 32 Grad und es sollte noch kälter werden. Wie sollte er das überleben? So lange war er nie in der Kälte geblieben. Buddy konnte einiges ab, er brauchte auch keine Schuhe oder Decke. Doch bei diesen Extremtemperaturen kürzte er deutlich die Zeit der regelmäßigen Spaziergänge ab, da es ihm an den Pfoten unangenehm wurde.

Meine Sorge war, dass er vielleicht einen Elch gestellt und von diesem getreten und nun verletzt in der Kälte liegen würde. Chri ging ins Bett und schlug vor, Decken auf der Veranda zu deponieren, sodass, falls er in der Nacht zurückkäme, wärmer liegen konnte. Ich häufte also Pferdedecken in eine Ecke und machte ihm ein gemütliches Plätzchen. Ich glaube, es war das erste Mal, dass ich mich ernsthaft um ihn sorgte.

Die Nacht war sehr unruhig, ich hatte Worst-Case-Szenarien in meinem Kopf. Für mich wurde klar, dass ein Schwedenleben ohne Buddy ein beschissenes Leben sei und dann alles gar keinen Sinn mehr ergibt.

Wenn du mit einem Kumpel, der immer eher unauffällig an deiner Seite ist, jeden Tag verbringst, ist es sehr hart plötzlich seinen Verlust spüren zu müssen. Ich dachte wirklich, mein Leben würde enden. Das wilde Leben am Wald ohne unseren Buddy? Es fühlte sich so leer und sinnlos an.

Worst-Case-Szenarien kreieren — das kann ich gut. Mich in Gedanken und Gefühlen verlieren — voll mein Ding.

Ich lag auf dem Sofa und googelte „Nachsuche - Hundeführer", die ich gleich am nächsten Morgen kontaktierten wollte. Es war inzwischen gegen halb vier Uhr in der Nacht. Im Wust meiner Gedanken fielen mir irgendwann die Augen zu und ich schlief ein.

Morgens gegen 6.30 Uhr schreckte ich noch vor dem Wecker auf. Schnell sprang ich zur Tür und stellte mir vor, wie Buddy auf den Pferdedecken lag. Doch die Veranda war leer. Kein Hund weit und breit. Es war bitterkalt und die Luft glasklar. Christian stand auf und übernahm die nächste Suchaktion. Doch auch er kam ohne Buddy zurück. Die kontaktierte Hundeführerin hatte noch nicht geantwortet, sodass ich bei meiner Jagdschul - Dozentin anfragte. Sie hatte speziell ausgebildete Hunde, doch leider keinen für die Suche nach einem anderen Hund, wie sie mir per SMS mitteilte. Einen Hilferuf in der Facebook - Dorfgruppe hatte ich ebenfalls veröffentlicht und dieser wurde bereits massenhaft geteilt. Auch informierten wir unsere nächsten Nachbarn.

Gegen halb acht, auf dem Weg zum Kindergarten, hielt ich bei unserem „Straßensheriff" Ulf an. Er lebt schon lange in der Gegend und wusste über alles Wichtige Bescheid. Wenn jemandem etwas aufgefallen sein musste, dann ihm. Mit dickem Kloß im Hals erzählte ich ihm, was vorgefallen war. Er bemerkte meine Traurigkeit, doch war er zuversichtlich. Er sprach von seiner Fuchsfalle im Wald, in der unsere Katze mal zu Besuch war, als er dort Schlachtreste aufgehangen hatte. Mauzi war wohl mit ihren Jungen zu ihm rüber marschiert und hatte bei ihm geschlemmt, bis Christian sie wieder nach Hause holte. Die Katzen waren zu leicht, sodass die Fallenklappe nicht zufiel.

Jetzt wollte Ulf nachschauen, ob Buddy vielleicht in der Kiste saß. Ich hatte diese Falle bisher nie gesehen und hatte keine Vorstellung, wie sie funktionierte. Wir standen im Wald vor einer großen Holzkiste und Ulf zog an einem Seil. Die Klappe ging hoch. Es war dunkel in der Kiste. Ich war verängstigt. Die Situation war bizarr, vor dieser Falle zu stehen und niemand kommt heraus. Ulf beugte sich vor und schaute tiefer hinein. Plötzlich pfiff er leise und munterte auf. Ja, und dann sah ich es auch: Braune Augen schauten mich aus der Tiefe der Box an und plötzlich sprang ein schwarzes Tier heraus: Buddy! Er freute sich und fing sofort an den nächstmöglichen Baum anzupinkeln und herumzustromern. Ich war glücklich, verwundert und etwas ärgerlich zugleich:

Wir standen ganz in der Nähe und riefen die halbe Nacht, aber er machte keinen Mucks. Die Falle war vielleicht 400 Meter von unserem Zuhause entfernt und 20 Meter von der Straße, auf der wir ihn suchten. Allmählich dämmerte es mir: Nachdem Christian ihn so bestimmend gerufen hatte, während wir ihn bellen hörten, verstummte er. Wir hörten keinen Mucks und vermutlich fühlte er sich ins „Klappe halten" versetzt. Sein Bellen war wie „das Laut geben", dass er Hilfe brauchte, es hörte sich lediglich so weit weg an, weil die Kiste zu war. Mir wurde schlecht. Wir hatten als Hundefreunde versagt, seine Rufe nicht verstanden. Im Kern ist ja alles nochmal gut gegangen. Buddy konnte mit seiner Körperwärme in der Kiste deutlich besser die kalte Nacht verbringen als draußen im Wald oder auf den Pferdedecken auf der Veranda. Futter hatte er auch, denn es hingen reichlich Schlachtabfälle in der Falle. Er war quietschfidel, freute sich über uns und schien die ganze Dramatik bereits vergessen zu haben. So sind die Hunde manchmal, treudoof.

Und wir lernten aus der Sache. Wir lernten seine Stimme besser zu verstehen und vor allem, dass Fehler passieren können. Angst, Verzweiflung und Verdammung bringen uns nicht weiter. Dieses Erlebnis wird verarbeitet und uns sicher nicht nochmal so passieren.

Wir können sie nicht alle retten

Seit ich denken kann, bin ich ein Hunde- und **kein** Katzenmensch. Als Kind aus einer Jägerfamilie wurde ich mit Argwohn gegenüber der Katzenspezies groß. Es hieß, sie seien Räuber, wären sogar imstande Rehkitze zu reißen. Ob die Geschichte tatsächlich stimmte, war fast schon egal. In mir wuchs eine große Ablehnung gegenüber Katzen. Natürlich spürten sie diese. Jedes Mal, wenn ich mich doch einer Katze zuwenden wollte und interessiert an ihr war, wurde ich gekratzt oder gebissen. Sie erschienen für mich unberechenbar. Ich stieg auf Pferde, Kamele, Elefanten und Kühe, spielte mit den schärfsten Jagdhunden und doch war Angst dabei ein Fremdwort. Aber vor Katzen fürchtete ich mich.

Außerdem litt ich an einer Allergie, die mir in Haushalten mit Katzenhaaren das Atmen erschwerte und eine Art „Belag" im Mund hervorrief. Viele Jahre später sollte ich erfahren, was es wirklich mit dieser Form von Allergie auf sich hatte.

Grundsätzlich liebte ich Tiere und konnte mir beim besten Willen nicht erklären, weshalb mir so eine Ablehnung gegenüber Katzen „infiltriert" wurde. Aber so ist das nun mal: Wir können nur das geben, was wir selbst zur Verfügung haben. Und eine Liebe für Katzen war in meiner Familie schlichtweg nicht vorhanden. Jetzt bin ich erwachsen und habe einen objektiven Blick auf diese Sache gelernt. Katzen gehören, wie alle anderen Tiere, zu wundervollen Geschöpfen und meine Haltung ihnen gegenüber beeinflusst natürlich ihr Verhalten mir gegenüber.

Gute Freunde von uns erwarteten von ihrer Katze Junge. Sie hatte sich ungeplant erneut von einem Streuner decken lassen. Ihr letzter Wurf war gerade mal wenige Monate her. Wir sprechen hier von einer Wohnlage in der Einsamkeit, also kein Grund die Katze zu sterilisieren. Eine Kastration von Katern war verpflichtend, aber schien nicht jeden zu interessieren. Wie dem auch sei, sie wurde zum dritten Mal trächtig.

Die Familienkonstellation ließ weitere Katzenbabys nicht zu, denn ein Menschenbaby war geboren und bedurfte aller Aufmerksamkeit. Die Gesamtsituation hatte sich also verändert.

Die Katze gebar sieben Junge. Ich möchte Euch bitten, diese Situation wertfrei zu betrachten. Für die Familie war es schlichtweg zu viel, sieben Kätzchen im Haus mit ihrem Neugeborenen zu versorgen. So entschlossen sie sich, die Kätzchen „los werden zu müssen". Es sollte eine schmerzfreie Variante sein, die ich hier nicht näher ausführen möchte.

Als ich davon erfuhr, teilte ich die Situation Christian mit. Ich kannte meinen Mann wohl zu schlecht, denn mit seiner Reaktion hatte ich überhaupt nicht gerechnet. Seine Worte waren: „Na, dann lass uns die Katze und ihre Kätzchen nehmen!" Er war mehr Katzenfreund als ich, definitiv. In seiner Kindheit hatte er sich immer einen Hund gewünscht, aber „nur" Kätzchen bekommen.

Und wieder einmal zeigt sich, wie viel Einfluss unsere kindlichen Prägungen auf unser gesamtes Leben haben.

Chri hatte ein Herz für Katzen. Mein Mann schlug vor, sie alle zu retten, obwohl er weiß Gott kein Tiersammler ist. Je weniger, desto besser. Sei es in Bezug auf Finanzierung, Verantwortung oder Zeitinvestition. Ich traute meinen Ohren kaum, doch ich wollte nicht groß nachhaken. Mit seinem Wort in meinem Mund informierte ich meine Freundin. Es war Rettung in letzter Sekunde.

Zu Beginn sollten die Katzen in der Scheune wohnen. Es klappte gut, bis die Katze entschloss, ihre Jungen auf den Dachboden zu bringen, der für uns Menschen fast unzugänglich war. Drei Kleine sind durch Balkenspalte hindurch in die Heugarage gefallen, was ich zu spät bemerkte. Ich hörte sie laut miauen, ging aber davon aus, dass sie nach Mama riefen und diese gleich von der Jagd wiederkommen würde. Als das Schreien am nächsten Tag deutlich aus dem Heulager kam, schaute ich nach. Ein Kätzchen kam mir entgegen, was erklärte, dass sie von oben nach unten gefallen sein musste. Wir starteten eine Rettungsaktion und ich schickte Noam auf den engen, einsturzgefährdeten Dachboden. Er fand vier weitere, zwei waren nicht mehr da. Fuchs, Marder, Luchs… irgendjemand hatte vermutlich die Schreie vor der Mutter und vor uns gehört. Wir disponierten um, fingen die Mutter ein und schafften ein Plätzchen im Keller. Dort waren sie vor Raubtieren geschützt.

Die Zeit mit den Kleinen war wirklich wunderschön. Jungtiere aufwachsen zu sehen ist mindestens genauso faszinierend wie Menschenkinder beim Entwickeln und Entdecken zu beobachten. Unsere Herzen gingen auf. Mauzi, so nannten wir die Mutter, war eine fantastische Katzenmama. Sie lehrte sie das Jagen, Fangen und Klettern. Sie rauften und spielten, schmiegten sich aneinander und tranken lange an ihren Zitzen. Besonders Violetta war extrem verliebt in die Kleinen. Sie spielte ohne Unterlass mit ihnen, sodass wir die Katzen häufiger vor ihr retten mussten, damit sie eine Auszeit bekamen. Vio fuhr sie im Kinderwagen durch die Gegend oder steckte sie unter ihren Pulli. Dann lugten die Kleinen aus ihrem Kragen hervor und schleckten über ihr Gesicht. Diese Liebe zu sehen war das Paradies auf Erden.

Kurz bevor die fünf Kätzchen nach zwölf Wochen in ihr neues Zuhause ziehen sollten, geschah etwas, was nie hätte passieren dürfen: Wir waren unachtsam beim Füttern. Bis zu dem Tag konnten wir ohne Probleme sowohl Hund als auch die Katzen gleichzeitig auf der Veranda füttern. Wichtig dabei war nur, dass die Kätzchen zuerst ihr Futter bekamen, denn Buddy wagte es nicht, zu ihrem Napf zu gehen. Andersherum konnte es zu einem Problem werden, wenn die Katzen zu Buddy gingen, während er aus seinem eigenen Napf fraß. So erging es einmal Mauzi, die interessiert zu ihm kam, als er noch seinen Napf ausschleckte. Blitzschnell schnappte er nach ihr und verteidigte sein Futter. Der Napf flog, die Katze flog, sein Speichel hing an ihrem Fell. Doch erwischt hatte er sie Gott sei Dank nicht. Mauzi hatte seither gelernt, nicht in seine Nähe zu kommen, wenn er dinierte.

Mit den Katzenjungen war es anders. Sie verstanden nicht, dass Buddy gefährlich für sie werden könnte, war er doch immer lieb zu ihnen.

Es war ein Tag, an dem wir viel vorhatten und etwas im Stress waren. Die Kinder bekamen den Auftrag, die Tiere zu füttern und bei ihnen zu bleiben, bis alle aufgefressen hatten. Irgendwie war diese Info untergegangen und wir brauchen auch nicht darüber diskutieren: Es ist und bleibt die volle Verantwortung unsererseits, als Eltern und Erwachsene. In lebensgefährlichen Situationen können und dürfen wir nicht nachlässig sein.

Wir waren es aber. Und ein Kätzchen, das dickste und stärkste Katerchen war mit seinem Futter bereits fertig, als er zu Buddy ging und nur mal schauen wollte, ob er nicht vielleicht noch etwas abstauben könne. Ich kann meinen Hund so gut erziehen, wie ich will, es ist und bliebt ein Tier. Ein Tier mit Urinstinkten und Reaktionen, für die es keine Garantie gibt.

Ich sah nichts, ich hörte nur ein ärgerliches Schnappen und wusste sofort, dass etwas passiert sein musste. Sofort rannte ich hinaus und sah das Kätzchen neben Buddys Napf krampfend am Boden liegen, während er weiter sein Futter fraß. Schnell nahm ich den Kleinen in meine Hände, doch sein Blick wurde trüb. Ich kannte diese Veränderung vom Schlachten. Es war der Übergang vom Leben zum Tod. Er setzte Kot ab und zuckte immer weniger. Wir konnten nichts mehr für ihn tun. Vermutlich starb er an einem Genickbruch, es waren keine äußeren Verletzungen erkennbar.

Es war ein tragischer Moment, der mich sehr mitgenommen hatte. Ohnehin hatte ich bereits Schwierigkeiten mit der alljährlich typisch beginnenden Winterdepression, doch diese Situation, dieser Fehler, der uns unterlaufen war, ließ mich stark an der Kompetenz meiner Selbst als „Farm-Mutter" zweifeln.

Um ehrlich zu sein: Ich weinte mehr als die Kinder. Sie waren es, die mit Papa gemeinsam das Kätzchen im Wald vergruben. Sie kamen an mein Bett, in dem ich versuchte, mich vom Erdboden verschlucken zu lassen, und streichelten über meine feuchten Wangen. Sie gaben mir die Kraft wieder aufzustehen, weiterzumachen.

Es gab keine Verurteilung, von niemandem. Wir hielten als Familie zusammen. Wir trauerten und wir gingen weiter.

Der Fakt, dass wir drei Kätzchen von sieben verloren hatten, war hart. Doch genauso relevant zu betrachten ist, dass wir immerhin vier gerettet hatten. Keine Katze sollte überleben, doch wir bemühten uns um ihr Leben.

Und wisst ihr, wir können sie nicht alle retten.

Wir können die Welt nicht retten, aber wir können unsere Liebe geben und die Welt zu einem besseren Ort machen.

10

Zu Besuch in Deutschland

Första resa till Tyskland

Ursprünglich wollte ich nicht. Also so gar nicht. Ich hatte keine Idee, weshalb es mich in die Heimat verschlagen sollte. Heimat war für mich irgendwie auch nicht mehr der richtige Begriff. Und während ich das so denke, tut es mir schon leid, so gedacht zu haben. Denn natürlich pflege ich eine Menge Gefühle bei dem Gedanken an unseren vorherigen Wohnort. Vermutlich ist das auch einer der großen Gründe, weshalb ich nicht zurückwollte. Nicht einmal für eine Reise, einen Kurzurlaub oder ähnliches.

Irgendwann kam der Tag, oder es waren vielleicht auch mehrere aneinander gereihte Tage, die dieses Gefühl in mir immer stärker werden ließen: Heimweh. Ich musste an meine Cousine Vivi denken, an ihre zwei Kinder, von denen ich eins als Patenkind hatte und überhaupt alle sehr vermisste. Es war sehr unklar, wann man sich wiedersehen könne, denn ich ahnte, dass es für sie sehr schwer werden würde zu uns zu kommen. Naja, und ich wollte ja nicht zurück, ergo kein Wiedersehen.

Bei meinen anderen sehr engen Freundinnen war das Gefühl ein anderes. Ich wusste, wir würden uns (zeitig) wiedersehen und eine Freundin kam ja auch bereits mit ihrer kleinen Familie zu uns.

Nun hatte ich aber diese tiefe Sehnsucht, dieses Vermissen nach meiner Cousine und ihren Kindern.

Es war kalt und dunkel, der Frühling gefühlt noch in weiter Ferne und vielleicht trug diese Stimmung einfach auch enorm zu meinen Gefühlen bei. Vielleicht war es etwas Einsamkeit, obwohl ich mich nie einsam fühlte und schon gar nicht langweilte. Aber ja, wie auch immer, dieses Gefühl, es kam, blieb und ließ mich nachts um Zwei nach Zugverbindungen googlen. Am liebsten wäre ich direkt losgefahren. Spontan, über Nacht oder zumindest nach der nächsten Fütterung. Denn für die Pferde brauchte ich definitiv einen Babysitter. Ich wusste, dass das nicht so einfach wäre, schob die Schwierigkeiten beiseite und stellte mir schnell vor, wie mein Mann sich liebevoll aufopfern und diesen Job für mich erledigen würde. So konnte ich entspannter nach Reisemöglichkeiten forschen.

Ich finde ja, dass es eine ziemlich ätzende Angewohnheit ist, mit dem Telefon ins Bett zu gehen. Zugleich mache ich davon beinahe jede Nacht Gebrauch und flüchte[21] mich in die Weiten des Netzes.

Nach diesem Hype der Vermissung brachten mich die Reisepreise und überhaupt alltäglichen Umstände auf den Boden der Tatsachen zurück. Erstmal keine Hals über Kopf Aktion. Abwarten. „Crystal-clear water"[22] trinken.

Es ließ mich aber nicht los. Ich blieb auf dem Gedanken hängen mal nach Deutschland zu müssen. Oma besuchen, solange es noch geht. Violettas Großeltern den visuellen – reellen Kontakt ermöglichen.

---

[21] Flüchten scheint mir nicht das richtige Wort, aber ich lasse es einfach mal so stehen. Wer weiß, ob mein Kopf da schneller tippt, als das Herz fühlt. Oder eben umgekehrt. Whatever.

[22] Unser Brunnenwasser aus dem Hahn wurde vom Vorbesitzer des Hauses auf unsere Nachfrage nach der Wasserqualität „crystal-clear water" genannt. Und genauso schmeckt es auch! Einfach kristallklar erfrischend!

Zahnprophylaxetermin wahrnehmen. Mir fiel eine ganze Batterie wichtiger Dinge ein, die ich plötzlich in Deutschland zu erledigen hatte. Nicht weniger relevant natürlich der Besuch bei meinen Liebsten. Aber das allein konnte ich für mein Ego nicht als Grund stehen lassen. Habe ich in der Vergangenheit doch so stark meine Meinung vertreten, nicht mehr zurückzuwollen, die Nase voll vom deutschen System zu haben. Von den Deutschen. Von dem Leben dort. Ja, eigentlich von allem.

Schließlich sprach ich mit Chri über meine Gedanken. Manchmal muss man Denkmuster loslassen, um Platz für neue Erfahrungen zu schaffen.

Wir beschlossen, die Reise in Angriff zu nehmen. Es fühlte sich komisch an, die Koffer zu packen, als ob wir einen Schritt zurückgingen.

Die Reise war lang und kräftezehrend. Als Chri sich ausruhen wollte und ich dran war mit Fahren, folgte ich dem Navi blind und fuhr blöderweise 200 Kilometer in die falsche Richtung. Zwar nicht zurück in den Norden, aber das Navi führte mich nach Fehmarn, obwohl wir gar nicht mit der Fähre fahren wollten. Wir mussten die Strecke wieder zurückfahren, was uns leider drei Stunden Zeit extra kostete.

Kaum über die deutsche Grenze gefahren, kippte die Stimmung. Nicht bei uns, aber spürbar bei den anderen Reisenden. Wir tankten in Norddeutschland auf dem Land und schauten in gestresste, miesepetrige Gesichter. Es war wirklich bezeichnend. Die Fahrweise auf der Straße wechselte von gemütlich zu gestresst, alles war irgendwie schneller und hektischer. Oder war ich nun offiziell ein Landei und einfach überfordert mit so vielen Menschen?

Nach knapp 17 Stunden endlich am Zielort angekommen, war es, als wären wir nie weg gewesen. Die nächsten Tage dicht geplant mit Terminen und reich an Wiedersehen, Lachen und Erinnerungen. Wir besuchten unsere Omas, die uns freudestrahlend begrüßten. Violetta konnte endlich Chris Vater, ihren Opa umarmen. Sie hatten sich über ein Jahr nicht gesehen. Es war rührend zu sehen, wie glücklich alle waren.

Diese Reise nach Deutschland erinnerte mich daran, wie wichtig es ist, die kleinen Dinge im Leben zu schätzen und sich nicht von Chaos und Stress überwältigen zu lassen. Der Alltag mag manchmal durcheinander sein, aber gerade das macht ihn einzigartig und lebenswert. Wir beschlossen, dass wir mehr solcher Momente in unser Leben einbauen wollten. Momente, in denen wir einfach im Hier und Jetzt leben, lachen und uns daran erfreuen, was wir haben. Auch während der Zeit in Deutschland, fernab von unserem friedvollen Waldleben.

11

Geerdet durch Herausforderungen

15.09.2022

Wisst ihr, was mich besonders erstaunt?

Dass mich diese Reise so krass geerdet hat. Oder anders beschrieben: Ich bin so viel mehr einfach **ich** und denke deutlich, deutlich weniger darüber nach, was andere von mir halten, denken oder reden könnten. Ich kann leider noch nicht sagen, dass mir die Meinung anderer komplett egal ist. Meine innere Vermutung ist es auch, dass das eventuell nie ganz weggeht. Ich denke, zu einem gewissen Grad ist es auch gesund/natürlich, aber das ist ein anderes Thema.

Jedenfalls, hier in Schweden, die letzten 14 Monate… ich bin ich und habe gelernt meinen Körper zu lieben. JA, zu lieben, nicht nur zu akzeptieren. Ich fühle mich stark, getragen, gefestigt durch alle „Dienste", die mir mein Körper entgegenbringt.

Diese Erkenntnis kommt sicher durch die deutlich härtere körperliche Arbeit. So viel, wie ich die letzten 14 Monate getragen habe, musste ich selten leisten. Ich habe tatsächlich komplette sechs Monate jeden frühen Morgen mein Kleinkind auf den Rücken geklemmt, bin mit dem Bike zum Stall geradelt und habe 1,5 – 2 Stunden körperlich gearbeitet. Bei Wind und Wetter. In diesem Fall wirklich keine Floskel. Wir hatten Regen, Schnee, Sturm und besonders viel Eis. Ehrlich gesagt, keine Ahnung wie ich das geschafft habe! Rückblickend wundere ich mich selbst und hoffe, dass ich das so nicht mehr machen muss. Es hat Spaß gemacht, keine Frage! Aber es war eben auch echt hart.

Ich bin ja abends auch nochmal hin, da war das meiste aber bereits erledigt. 7 Uhr morgens, 6 Uhr abends. Jeden Tag. (ok, ich lag mal krank im Bett, da hat meine Familie für 2-3 Tage ausgeholfen. Und meine Mama war zu Besuch und hat den ein oder anderen Dienst übernommen).

Ich meine nur, so insgesamt war es schon eine ganz neue, krasse Lebenserfahrung. Darauf bin ich stolz und auch dankbar. Sie hat mich ungemein gestärkt, innen und außen.

Der Mensch ist zu deutlich mehr im Stande, als der Mensch manchmal denkt.

Diese, ich würde sagen teilweise Grenzerfahrung hätte ich in Deutschland vermutlich nie gemacht und sie wäre auch aufgrund der Witterungsbedingungen nie so hart ausgefallen.

Allein für diese Erlebnisse hat sich der ganze Aufwand krass gelohnt; und eben besonders für die Erdung. Die Erdung meiner Selbst.

Ein Tag an dem <u>nicht</u> alles schief lief

oder auch:

Hallo vom Karma — 12.10.2022

Morgens schaffte ich es Wecker-nah aus dem Bett und lag nach der Morgenarbeit gut in der Zeit. Nicht so mein Sohn, der trotz Abmachung noch nicht unten angekommen war. Für Frühstück blieb für ihn also keine Zeit mehr. Mein Mann schmierte ihm noch fix ein „Brot to go", während aufflog, dass der Grund für die knappe Zeit das 30-minütige Buch lesen gewesen sei. Das Zeit einhalten war eine familiäre Thematik, die uns noch einholen würde.

Nachdem der Große aus dem Haus war, flitzte auch der Rest durch das Morgenprogramm, bis Vio und ich schlussendlich im Auto Richtung Förskola saßen. Die Scheiben waren gefroren und der Eiskratzer ein Witz. Vermutlich lag es an der hohen Luftfeuchtigkeit, dem Nebel und eben der Kälte, weshalb das Auto eben „nicht nur" gefroren war. Ich hasse kratzen. Außerdem bin ich grundsätzlich spät dran, egal wie früh ich morgens aufstehe. Wirklich ein Phänomen. Obwohl es im Oktober etwas schräg erschien, trug ich gegen das Absterben meiner Finger vorsichtshalber schon die dicksten Winterhandschuhe. Irgendwie habe ich in meinen Ringfingern, besonders in dem rechten, eine komische Durchblutungsstörung, sodass diese selbst bei normalen Temperaturen um die 10 Grad weiß werden und anfangen zu kribbeln. Natürlich nahm ich die Handschuhe meines Mannes, wessen sonst?! Ich gehöre zu der Kategorie Frau, die liebend gern etliche Kleidungsstücke vom Partner trägt, da diese doch einfach am bequemsten sind.

Aber Obacht: Für meinen Geschmack geht hier die Wintersaison mit der deutschen Empfehlung der Autobereifung einher: von O bis O.

Anders als bei den deutschen „Winterregelungen" würde ich hierzulande das Tragen von Handschuhen in den Leitlinien verankern. Aber wer weiß, vielleicht gilt diese Empfehlung ja bereits. Handschuhe sind mir jedenfalls deutlich lieber als Maskenpflicht oder Abstandsregelungen. Mir kommt der Gedanke, dass diese Handschuhe dem deutschen System eigentlich sehr gut zu Gesicht stehen würden. Aus mir könnte noch eine politische Beraterin werden, findet ihr nicht auch?[23]

Das Eiskratzen war eine Qual, aber schließlich saßen Vio und ich endlich im halbwegs warmen Auto und fuhren Richtung Förskola. Natürlich war ich mal wieder ein paar Minuten zu spät, aber das ist ja fast schon normal bei uns. Nach der Abgabe an der Förskola ging es für mich zurück nach Hause, wo ich mich den Hausarbeiten widmete.
Der Tag verging in einem ähnlichen Tempo: schnell, chaotisch, und immer ein wenig hinterherhinkend. Doch anstatt mich darüber zu ärgern, versuchte ich mich auf die kleinen Erfolge zu konzentrieren. Zum Beispiel, dass ich es trotz der Kälte und der Eiskratzer-Herausforderung geschafft hatte, Vio pünktlich abzuliefern und Noam zumindest mit einem kleinen Frühstück aus dem Haus zu lassen.
Am Nachmittag, nachdem die Kinder wieder zuhause waren, ging es weiter mit dem üblichen Trubel: Tiere versorgen, Abendessen vorbereiten und ein paar ungeplante Kleinigkeiten, die dazwischenkamen. Doch dann, als wir uns alle um den Esstisch versammelten und das Abendessen genossen, wurde mir klar, dass trotz all des Chaos der Tag auch viele schöne Momente hatte. Das

---

[23] Verständnishalber füge ich besser hinzu, dass ich das ironisch meine!

Lachen der Kinder, die Gespräche beim Abendessen und die kleinen Augenblicke der Ruhe und Zufriedenheit.

Unser Alltag ist oft chaotisch und wir sind oft unpünktlich, aber wir lernen, uns trotzdem zu freuen. Wir haben beschlossen, nicht auf das Negative zu schauen, sondern die positiven Momente zu feiern. Das Leben mag nicht perfekt sein, aber es sind die kleinen Freuden und das gemeinsame Lachen, die uns durch die Herausforderungen des Alltags tragen.

Als ich an diesem Abend ins Bett ging, war ich dankbar. Dankbar für meine Familie, für die kleinen Momente der Freude und dafür, dass wir uns trotz allem immer wieder daran erinnern, das Beste aus jedem Tag zu machen. Denn am Ende des Tages zählt nicht, wie perfekt alles gelaufen ist, sondern wie sehr wir uns an den kleinen, schönen Dingen im Leben erfreuen können.

Wenn man den Rutsch
zu wörtlich nimmt

01.01.2023

Als mir der Gedanke an ein Tagebuch für das Jahr 2023 kam, war ich auf dem Weg ins Bett.

Ich fühlte mich nicht gut, hatte die vergangenen zwei Tage bereits Schmerzen in den Bronchien und vermutete eine anrollende Erkältung.

Morgens stand ich mit Vio auf, leicht genervt nicht von meinem Mann abgelöst zu werden, (war es doch einer der seltenen Morgen, an denen ich nicht raus zu den Pferden musste, da meine Mutter fütterte, sondern ich tatsächlich mal hätte liegen bleiben können) aber mit dem tiefen Entschluss mich nicht darüber zu ärgern. Ich wollte ihm den Schlaf gönnen und einen friedvollen Start ins neue Jahr haben.

In der Küche dann, beim Frühstück zubereiten, fiel Vio, beim Helfen, sage und schreibe zweimal doof vom Stuhl. Eine Schale zerschellte auf dem Fußboden, sie hatte Glück im Unglück. Ich musste mich wirklich zusammennehmen nicht gereizt über diesen Morgen zu sein. Als ich dann gegen zehn Uhr mit Chri tauschen wollte, um mich nochmal auszuruhen, kam meine Mutter weinend zur Tür. Unsere alte Stute sei beinah zweimal auf dem Glatteis gestürzt. Draußen war der Boden spiegelglatt, um nicht zu sagen, katastrophal.

Ich ging also raus und schloss den Stall ab, sodass die Pferde keine Möglichkeit mehr hatten auf das Eis zu kommen, ob sie nun wollten oder nicht. Dabei sah ich, wie die Tochterstute auch fast stürzte und beeilte mich mit dem Schließen. Sorgen um mögliche Brüche wurden nun von Ängsten vor Koliken abgelöst. Egal war plötzlich der

Bewegungsmangel, dafür müssten wir später eine Lösung finden. Vielleicht könnte man einen Weg mit der Spitzhacke bis zur gestreuten Hauptstraße freiklopfen, damit sie dort ihre Beine vertreten könnten.

Nun legte ich mich aber hin. Gegen elf Uhr wurde ich wach, Chri war leise in den Raum getreten und sortierte Wäsche ein. Ich ging schnell Pipi machen und legte mich wieder hin. Er spielte weiter mit Vio.

Etwas später, ich kann mich nicht erinnern wie viele Minuten vergangen waren, überlegte ich aufzustehen und unten zu unterstützen, dämmerte aber wieder ein. Plötzlich Schreie! Ich konnte sie nicht zuordnen, aber meine Mutter schrie auch, ganz laut nach mir, nach Hilfe! Ich stürzte die Treppe hinunter und realisierte, dass es weder um Hühner, Hund noch Pferde ging, sondern tatsächlich um Chri, der sich verletzt haben musste.

02.01.2023

Jetzt sitze ich hier und es fühlt sich an wie tausend Teile. Am Sylvesterabend haben wir noch Jahrespläne geschmiedet, Bauvorhaben gesammelt und Arbeiten eingeteilt.

Keine 24 Stunden später wurden all diese Gedanken über den Haufen geworfen. Es zählte nur noch eins: Leben. Überleben.

Der Schock sitzt so tief. Seine Schreie in meinen Ohren. Das Bild von Chri am Boden, mit verdrehtem Fuß und vor Schmerzen sich windend, mitten auf der Eisfläche vor dem Keller... So viel Panik kam in mir hoch. So kannte ich mich gar nicht.

Abermillionen Gedanken rasen durch meinen Kopf. Sorgen, Ängste, Panik, Trauer.

03.01.2023 — 01:29 Uhr
Tagebucheintrag an meinen Mann

Die Schreie hängen mir so extrem nach.

Ja, es geht Dir jetzt besser. Du hast das Schlimmste erstmal hinter Dir, wir sind so froh!

Aber der Schock sitzt einfach noch so tief in den Knochen…

Du hast gelacht, geredet und geredet. Erzählt wie ein Wasserfall. Gegessen, getrunken, keine Schmerzen. Es war unglaublich mit anzusehen, habe ich es doch irgendwie schlimmer erwartet, ja gar mir das Schlimmste ausgemalt. Aber nein, es geht Dir gut. Die Schmerzmittel kicken ordentlich. Sie helfen Dir gut. Puh. Gut. Ach so krass. Danke, Gott! Danke Jesus!

Ich sehe einen kleinen Schokokrümel auf der Tastatur und komme nicht recht dran. Egal, er darf bleiben. Du würdest die Krise bekommen, hihi, ich versuche es nochmal und zack! Hab ihn rausbekommen, yay!

Heute waren Jörg und Nana da. Sie haben uns so sehr geholfen, die wichtigsten Wege begehbar zu bekommen. Nachdem Mama heute Nacht gegen halb 3 zweimal gestürzt war, haben wir uns kaum noch irgendetwas getraut. Sie wollte den Pferden Wasser bringen, war wachgeworden von dem Rumpeln des Spielens mit dem leeren Eimer. Es hatte geschneit, wir dachten: unsere Rettung! Aber der Schnee entpuppte sich als der blanke Wahnsinn auf dem gefrorenen Boden. Egal, wie vorsichtig man sich bewegte, ob mit oder ohne Spikes. Keine Chance. **Jeder** „struggelte". Wenn ich Buddy schon sehe, wie er permanent beim Laufen wegrutscht, seine Hinterbeine die Grätsche machen, wie soll das nur werden? Für die Pferde sind es bereits fast 48 Stunden, die sie eingesperrt im Stall auf bessere Zeiten warten. Sie waren am 1.1. alle beide fast gestürzt, so haben wir den Paddock abtrennen müssen. Wir warten also auf neuen Schnee. Mehr als nur die gefallenen fünf Zentimeter. Wir brauchen mehr! 10, 15, am besten 20 Zentimeter!

Nachts habe ich angefangen Mist auf den Paddock zu werfen, um einen kleinen Bereich zu schaffen, auf dem ich die Pferde Schritt führen kann. Aber es war dennoch so rutschig, ich weiß nicht, ob es klappt. Falls nicht, bleibt nur noch die JörgNan'sche Variante: Schnee schieben, mit Salz streuen und Split oben drüber. Am besten noch Asche von der Heizung hinzufügen. Auch ein Salz-Sand-Gemisch ist möglich. In jedem Fall Salz und etwas mit Grip. Das hat sich als einzig funktionierende Variante erwiesen.

Vermutlich waren wir alle noch vorsichtiger als eh schon. Dein Sturz hat uns den Boden unter den Füßen weggerissen. Dir buchstäblich, uns sprichwörtlich.

Jänner - Resümee

28.01.2023 — 01:24 Uhr

Fünfundzwanzig Tage nach meinem letzten Eintrag liege ich im Kinderzimmer und versuche alle die Geschehnisse, Gefühle und wichtigen Momente aus diesem Monat zu sammeln. Ursprünglich zog ich es in Erwägung täglich Worte niederzuschreiben, aber ich ahnte schon, dass es nicht klappen würde. Irgendetwas ist ja immer.

Nichtsdestotrotz hier mein Jänner-Resümee:

Drei Wochen und ein paar zerquetsche Tage Gips tragen, sprich absolute Schonhaltung des Fußes, sind für Chri rum. Halbzeit also. Halbzeit auch für mich. Ich möchte genauer beschreiben, was ich damit meine, suche die richtigen Worte…

Auf der einen Seite bin ich superstolz auf meinen Mann, wie er die vergangenen Wochen so tapfer durchgehalten, sich geschont und dennoch mit der Familie, insbesondere beim Duplo bauen mit Vio oder Karten spielen mit „uns Großen" Zeit verbracht hat. Zu Beginn sorgte ich mich, er würde vielleicht beim dauerhaften Liegen und ohnehin schon leicht depressiver Jahreszeitstimmung etwas schlecht draufkommen. Aber nicht Chri.

Chri war die meiste Zeit gut gelaunt, uns freundlich zugewandt, half wo er nur konnte und fand die richtigen Worte, wenn eine oder einer von uns die Kraft zu verlieren schien.

Für mich persönlich entpuppte sich das zu Beginn große Drama und Fragezeichen „wie soll das alles nur werden?" oder „das ist doch komplett unmöglich!" zu einer Art „ich kann alles schaffen!" und so einer Art „Superwoman-Funktion".

Die alleinige Verantwortung auf den Schultern tragen zu müssen, war besonders in den ersten Tagen kaum auszuhalten. Doch mit der Zeit wurde die Sorge in Kraft umgewandelt. So leicht konnte mich nichts mehr schocken. In dieser Zeit habe ich wieder einmal gemerkt, was der Mensch alles (er-)tragen kann. Ich war noch lange nicht am Limit.

Klar, jetzt kommen sicher Gedanken auf wie „aber man muss das doch nicht" und „pass auf dich auf, nicht dass du dich überanstrengst (sowohl physisch als auch psychisch)".

Ja, schon klar. Verstehe. Ich muss an dieser Stelle einfach mal sagen: So sehr ich „Selfcare" schätze und natürlich selbst empfehle, sei es beruflich oder privat, habe ich hier einen Fall von:

Selfcare ist gerade „Waschlappen-Stil". Und Waschlappen kann ich, außer am Tisch beim Essen mit Kleinkind, nicht gebrauchen. Es **müssen** Arbeiten erledigt werden und die machen sich eben nicht von allein. Selfcare muss in diesem Fall zurückstehen bzw. anders gewichtet werden. Und so habe ich es gemacht. Mein Fazit dazu ist erstaunlich: Ich fühle mich, als könnte ich Bäume ausreißen. Mein System läuft wie ein Duracell-Hase. Auch die anfängliche Erkältung ist wie weggeblasen. Selbst die Menstruationswoche war deutlich weniger schmerzhaft und anstrengend als in den vorangegangenen Monaten.

Was ist, was mich so antreibt? Ist es „lediglich" die Pflicht? Die Verantwortung?

Ich denke, es sind im Wesentlichen zwei Dinge: mein persönliches Ziel und mein Herz, sprich: Empathie.

Die Tiere haben Hunger, sie können sich nicht selbst versorgen. Sie leben von der Hand, die sie füttert, die ihren Stall reinigt, ihr Fell und ihre Psyche pflegt.

Die Kinder haben Hunger, im Bauch und im Herzen. Sie brauchen Nähe, Nahrung, Wärme ... um zu wachsen und zu gedeihen. Sie brauchen mich.

Ich denke, es ist gut und sogar richtig in Ordnung, gebraucht zu werden. Sich gebraucht zu fühlen. Brauchen ist ein Wort, das mich auf der anderen Seite triggert, weil es mich auch so „used" fühlen lassen kann. In diesem Zusammenhang meine ich es aber vielmehr als etwas Gutes. Es ist ein natürlicher Prozess, der meines Erachtens nicht ignoriert werden sollte.

In der Natur kann man es wunderbar beobachten, zum Beispiel bei der Vogelfamilie: Die Küken würden ohne die Hilfe ihrer Eltern sterben. Die Eltern werden gebraucht. Sie fühlen sich dabei aber nicht „used", sondern sie gehen dem nach. Mit ganzem Herzen.

Warum müssen wir Menschen so natürliche Vorgänge oftmals verkomplizieren? Ich wage es jetzt nicht Egoismus zu thematisieren, dennoch wünsche ich mir an dieser Stelle einen kurzen Blick in das, was in der Natur seit tausenden von Jahren passiert, funktioniert und anhält. Die Liebe einer Mutter zu ihren Kindern. Ohne sich dabei „used" zu fühlen.

Nun, und dann die Schattenseite des Lebens: manchmal bin ich richtig genervt, überfordert, schlecht gelaunt. Es gibt Tage, da fühle ich mich zeitweise richtig „used", verdammt!

Woran merke ich, dass ich auf der einen Seite überfordert/überlastet bin und auf der anderen Seite fest im Leben stehe, stark dabei bin und einfach glücklich in dem, was ich tue?

Ich habe darüber nachgedacht, es kam plötzlich heute Abend in mein Hirn und es ist so klar wie Kloßbrühe: Ich habe Momente, da rede ich immer wieder mal davon allein Urlaub machen zu wollen. Schön am Strand liegen, Cocktail schlürfen, die Sonne meine Haut bräunen lassen und nichts als das Meeresrauschen zu hören.

Dann fällt mir mein Kontostand und der Fakt meines „Leben mit

Pferden" ein. Plötzlich wird aus Südsee doch „nur" schwedisches Gewässer. Es folgt die Idee vom „Urlaub haben auf dem eigenen Hof", ohne weitere Familienmitglieder. Die Kinder könnten eines Tages mit Papa Chri nach Deutschland reisen, nur so für eine Woche, das würde mir schon reichen, und ich hätte meine Ruhe. Hach...

Tja, und unverzüglich nach dem Aussprechen dieser Gedanken startet das große Vermissen, Sorge um die Kleine und überhaupt das Gefühl von: Quatsch! Brauche ich nicht! Ich liebe meine Familie! Meine Familie, insbesondere die Jüngste, braucht mich. Besser wir bleiben einfach zusammen.

Naja, und was ist das schon an schwerer Arbeit, in der Früh um 6:30 Uhr aufzustehen, die Tiere zu versorgen, die Kinder bei allem Zipp und Zapp zu begleiten und eben „den Rest" zu bewerkstelligen?!

Dauer - Home - Office als Paar

Erste Schritte zur Zielvisualisierung
05.03.2023 — 22:07 Uhr

Vor ein paar Tagen haben Christian und ich uns erstmals zu zweit mit möglichen Lebenszielen auseinandergesetzt. Genauer gesagt ging es um das Visualisieren von Träumen und Zielen, dem Zusammenspiel von Wollen und Vorstellung. Ich liebe es zu planen, habe viele Ideen und träume gern von Zukunftsplänen. In der Vergangenheit schrieb ich einige solcher Gedanken nieder und organisierte mich gern mithilfe meines Taschenkalenders. Doch Christian konnte ich nie so richtig überzeugen, Pläne grafisch darzustellen. Umso mehr freute es mich, dass dieses Treffen aus seiner Initiative heraus entstanden ist. Im Folgenden beschreibe ich Tools, die uns bei unseren Zielsetzungen und den Arbeiten im Alltag geholfen haben:[24]

- Regelmäßige Kommunikation:
  Wir setzen uns regelmäßig zusammen und besprechen unsere individuellen und gemeinsamen Ziele. Offenheit und ehrliche Kommunikation sind für uns der Schlüssel zu einer erfolgreichen Partnerschaft.

- Klare Absprachen treffen:
  Wir legen fest, wer wann arbeitet und wer sich um den Haushalt oder andere Aufgaben kümmert. Klare Absprachen helfen uns, Missverständnisse und Konflikte zu vermeiden.

---

[24] Sidenote: Es ist nicht die Regel, dass wir diese Schritte berücksichtigen. Doch versuchen wir immer wieder auf diesen strukturierten Weg zurückzufinden.

- Gemeinsame Ziele visualisieren:
  Wir nehmen uns die Zeit, unsere Ziele gemeinsam zu visualisieren. Ob durch ein Vision Board oder eine schriftliche Liste – das hilft uns, unsere Träume konkret und greifbar zu machen.

- Arbeitsbereich schön gestalten:
  Am liebsten arbeite ich in einem aufgeräumten, inspirierenden Bereich. Zum Beispiel habe ich mir Visions-Postkarten aufgehängt und halte meine Fachbücher griffbereit. An sonnigen, warmen Tagen nehme ich aber auch einfach den Laptop und setze mich auf die Terrasse, herrlich!

- Zeit für uns als Paar einplanen:
  Oft geht die Zeit zu zweit unter, steht ganz hinten an. Seit wir die Sauna im naheliegenden Fitnessstudio nutzen, haben wir öfter Paarzeit und merken, wie gut es uns tut. Man kann mal ohne Unterbrechungen sprechen und sich ungeteilt Aufmerksamkeit geben — das stärkt sichtlich unsere Beziehung.

- Flexible Arbeitszeiten nutzen:
  Wir nutzen die Flexibilität des Home Office zu unserem Vorteil. Wir arbeiten zu Zeiten, die für uns am besten passen, und machen Pausen, wenn wir sie brauchen.

- Stressmanagement :
  Wir finden Wege, um Stress abzubauen. Ob durch Bewegung, Schlaf oder einfach nur eine kurze Auszeit – der Umgang mit Stress ist wichtig für uns. Wenn ich nervlich schnell gereizt bin, hilft mir sehr gut die körperliche Arbeit oder Schlafen.

- Unsere Erfolge feiern und unser Visionboard aktualisieren:
  Das sind Punkte, die ziemlich häufig keine Zuneigung erhalten. Wir sind meist viel zu sehr damit beschäftigt hoch hinauszuwollen, anstatt die kleinen Schritte zu ehren. Das Leben hier hat uns deutlich gezeigt, dass es wichtig ist, die einzelnen Prozesse zu begutachten und wertzuschätzen. Das inspiriert und motiviert. Es ist erstaunlich zu sehen, wie unsere individuellen und gemeinsamen Träume harmonisch nebeneinander existieren konnten.

Diese Struktur war ein wichtiger Schritt auf unserem Weg, unsere Lebensziele zu verwirklichen und unsere Partnerschaft im Dauer - Home - Office erfolgreich zu gestalten.

Nur die Harten
kommen in den Garten

Italienflair in Mittelschweden

Tomaten anbauen in Mittelschweden. Yep, wir haben es gewagt. Ach, ich sollte dazu sagen, dass wir es ohne Gewächshaus probierten. Tatsächlich waren wir naiv genug, um dieses italienische Gemüse unter freien Himmel zum Wachsen und Früchte tragen zu nötigen.

Ehrlich gesagt machte ich mir nie viel aus diesen Sprüchen, die besonders meine Großeltern und eben die ältere Generation zu klopfen pflegte. Ich fädelte sie zwar des Öfteren in meinen Sprachgebrauch mit ein, aber so richtig verstand ich nicht, was damit gemeint war. Bis ich nach Schweden zog. Hier machte alles auf einmal Sinn. Zum ersten Mal in meinem Leben beschäftige ich mich ernsthaft mit Gartenpflege und Selbstversorgung. So kam es, dass zum Beispiel dieser Spruch „nur die Harten kommen in den Garten" an Bedeutung gewann. Auch „das Gras wächst nicht schneller, wenn man daran zieht" wurde zur bitteren Realität.

Bergslagen, unsere neue Heimat, ist eine Region, die für ihre rauen Bedingungen bekannt ist. Früher war Bergslagen ein Zentrum des schwedischen Bergbaus mit reichen Vorkommen an Eisen und anderen Metallen. Die Böden hier sind steinig und hart, das Klima kühl und oft unberechenbar. Es ist eine Herausforderung hier etwas zum Wachsen zu bringen. Die kurzen Sommer, die kalten Nächte und der oft lange Frost machen das Gärtnern zu einer echten Bewährungsprobe.

Ich erinnere mich oft an meine Oma, die immer einen blühenden Garten hatte. Sie wusste genau, wann und wie sie ihre Pflanzen zu pflegen hatte. Ich wünschte, ich hätte ihr damals mehr geholfen und von ihr gelernt. Jetzt, wo ich selbst vor den Herausforderungen stehe, denke ich oft an sie. Immer wenn wir telefonieren, rät sie mir, mich bloß nicht zu überarbeiten. Der Hof, die Tiere, der Garten, die Kinder und dann ja auch noch der Job. Vielleicht bin ich noch zu frisch dabei, sodass ich das Gesamtpaket für absolut stemmbar halte. In jedem Fall lerne ich von Jahr zu Jahr mich mehr der Zeit der Natur anzupassen. Es klappt halt einfach nicht, vor den Eisheiligen anzupflanzen und ich brauche auch nicht zu erwarten, dass die Tomaten ohne Gewächshaus gute Früchte tragen. Den Wunsch nach saftig hohen Wiesen sollte ich mir vermutlich auch besser aus dem Kopf schlagen, aber dennoch möchte ich es probieren und unser Land urbar machen.

Zwischen Himmel und Erde

24.11.2023

Meine Beziehung zu den Pferden und das natürliche Bedürfnis nach Schlaf verschmelzen in diesem Eintrag zu einem Tanz zwischen Sorge und Selbsterkenntnis.

Die vergangenen Nächte waren ein Balanceakt auf dem schmalen Grat zwischen Sorge und Schlafmangel. Unsere alte Stute kämpfte mit einer akuten Kolik[25] und es erforderte alles, was wir hatten, um ihr durch diese schwierige Zeit zu helfen. Die erste Nacht verbrachten Christian und ich im Schichtwechsel, jede Stunde klingelte der Wecker, einer von uns ging in den Stall und bewegte sie für 15 Minuten, um ihren Darm in Gang zu halten.

Die Erschöpfung holte mich schließlich ein. Beim zu Bett bringen unserer Tochter schlief ich ein, nur um eine Stunde später zerknittert und müde wieder aufzuwachen. Im Wohnzimmer angekommen, wo der Kamin wohlige Wärme verbreitete, schlief ich erneut ein, diesmal unter einer gemütlichen Frottee - Bettdecke.[26]

Schlaf wird in solchen Momenten zu einem kostbaren Gut. Es ist nicht nur der physische Akt des Schlafes, sondern auch die mentale und emotionale Regeneration, die der Körper so dringend benötigt. Der schützende Mantel der Dunkelheit, der uns vor den Herausforderungen des Tages bewahrt, ist lebensnotwendig.

---

[25] Kolik ist eine ernste Verdauungsstörung, die starke Bauchschmerzen bei Pferden verursacht und lebensbedrohlich werden kann. Es kann verschiedene Formen annehmen, darunter Darmverschlingungen, Verstopfungen oder Blähungen.

[26] who else loves Frottee?! Sei ehrlich :)

Als ich aufwachte, fühlte es sich an, als hätte ich Stunden geschlafen. Die Stille im Haus deutete darauf hin, dass es irgendwo um Mitternacht sein musste. Ein Moment der Panik überkam mich, als mir klar wurde, dass die Pferde frisches Wasser brauchten. Der Bottich war bei meinem letzten Besuch um 17:00 Uhr nur noch zu einem Drittel gefüllt. Das reichte nicht für die Nacht.

Es war erst 20:30 Uhr, eine überraschende Erkenntnis, die die Chancen erhöhte, dass die Pferde den Wassereimer noch nicht umgestoßen hatten. Noam sprang auf, um die Wassersituation zu überprüfen und den Durst der Pferde zu stillen. Er berichtete, dass Malina besonders durstig war, das frische Wasser genoss und gut trank.

Dieses Ereignis offenbarte mir erneut die intensive Verbindung zu meinen Pferden. Es wird immer tiefer, fast wie eine seelenverwandte Beziehung. Wenn ein intensives Bedürfnis, eine Emotion oder ein Erlebnis sie durchdringt, spüre ich es – eine seelische und physische Unruhe, die mich nicht loslässt.

Bisher kannte ich diese Art von Gefühl nur in Verbindung mit Mutterschaft. Viele Mütter, besonders auffällig, wenn die Kinder im Säuglingsalter sind, haben unsichtbare Antennen für die Bedürfnisse ihrer Kleinen.

Meist schon bevor meine Kinder weinten, wusste ich insgeheim, dass sie sich gleich melden würden - mit Hunger, Schmerz oder dem Bedürfnis mal machen zu müssen. Ganz stark wurde es mir mit unserer Tochter Violetta in der Zeit bewusst, als wir sie windelfrei begleiteten. Oder besser gesagt, unseren Alltag stark mit Elimination

Communication[27] verbanden. All unsere Sinne wurden, für dieses sonst so eher totgeschwiegene Thema, geschärft.

Also na gut, totgeschwiegen ist vielleicht nicht ganz richtig. Denn irgendwie ist es doch recht populär als (frischgebackene) Eltern viel über die Ausscheidung seiner Kinder zu sprechen. Doch ich für meinen Teil habe oft erlebt, wie Urin oder Stuhlgang, der Vorgang des „Zur Toilette gehen müssen" und dann vielleicht noch gehört zu werden wie man uriniert oder pupst (stell' dir die öffentlichen Toiletten in Discotheken, Einkaufszentren und so weiter vor, deren Kabinen sowohl oben als auch unten nicht verschlossen sind, sondern man mit etwas Scharfsinn andere aus der Nähe anhand ihrer Schuhe wieder erkennen könnte und somit auch kombinieren kann, von wem der Pups nun kam), schlicht und ergreifend „geshamed" wird. Den ganzen Satz nochmal in kurz: Pupsen fühlt sich peinlich an. Zumindest in der Öffentlichkeit. Oder hat da jemand etwas anderes zu berichten? Kommentare und Erfahrungen gerne per Mail an mich — wir könnten eine kleine interne Studie starten, um diesem „Shaming" ein Ende zu bereiten.

War es nicht sogar Martin Luther, der sagte: „Warum rülpset und furzet ihr nicht? Hat es Euch nicht geschmecket?"

Das, was bei Säuglingen noch gepriesen wird, nämlich jeder Pups, der das Kind von Bauchschmerzen befreit, wird mit zunehmendem Alter ins unanständige Verhalten verwandelt.

---

[27] Eliminationskommunikation (EC): ist ein Ansatz zur windelfreien Erziehung, bei dem Eltern die Ausscheidungssignale ihres Babys erkennen und darauf reagieren, bevor es in die Windel macht. Das Ziel ist, eine frühzeitige Kommunikation über die Bedürfnisse des Babys in Bezug auf Urin und Stuhl zu etablieren, um langfristig die Abhängigkeit von Windeln zu reduzieren.

In der Freiheit von Scham blühen die Blumen der Selbstachtung und des inneren Friedens.

In unserem Women-Circle[28] kam schon fast zu Beginn der Anstoß einen freien Raum zu schaffen, sich frei gehen lassen zu dürfen, speziell in Bezug auf Pupsen. Alle lachten, alle waren einverstanden und ich denke auch ein Stück weit froh, denn nichts ist krampfhafter als über Stunden Luft im Bauch zu behalten, die eigentlich raus muss. Doch insgeheim glaube ich, dass die meisten von uns dennoch versuchen die Luft drinnen zu lassen. Jedenfalls gab es für die Anzahl und Länge unserer Treffen prozentual sehr wenig Pupse die aufgefallen wären.

Herrje, das Kapitel artet gerade etwas aus. Ich schließe mal diese Thematik mit den Worten: Schämst Du Dich, wenn Du vor anderen pupsen musst? Schämst Du Dich, wenn andere in Deiner Gegenwart pupsen? Überlege mal für Dich selbst, warum Du Dich dabei so fühlst, ob mit Scham oder ohne Scham.

Und dann überlege, wie Du Dich in den jeweiligen Situationen gerne fühlen würdest und gerne handeln würdest.

---

[28] ich behalte in diesem Fall die englische Schreibweise bei, da Frauenkreis für mich eine Assoziation von einem langweiligen Kreis mit langweiligen (alten) Frauen ist.

Mutter Natur
und ihre Jahreszeiten

Es zieht sich durch die Kapitel, unser Leben in der Natur. Doch möchte ich Mutter Erde ein extra Kapitel widmen. Es soll unterstreichen, wie viel Einfluss sie auf unseren Alltag hat.

Offensichtlich ist ihr größter Einfluss, wenn wir etwaige Projekte rund um unser Haus und den Hof anstreben. Die Zeit, in der Außenprojekte überhaupt möglich sind, erstrecken sich über den Zeitraum Mai bis September. Möglicherweise bietet der Oktober auch noch eine Chance, doch ist dieser Monat erfahrungsgemäß nass und kalt. Außerdem hatten wir in 2 von 3 Wintern ab Oktober Schneefall. Im April sind ein paar Aktionen möglich, aber keine, die mit Fundamenten oder anderen Bodenarbeiten zu tun haben, denn der Boden ist noch bis in den Mai tiefgefroren. Wir arbeiten grundsätzlich mit den eigenen Mitteln, also keine großen Maschinen oder Firmen. Let's call it: The hard way of DIY - Projects! So haben wir nach unserem Einzug ins Eigenheim im April ein paar Wochen warten müssen, bis wir unser erstes Projekt, den Bau des Pferde-Offenstalls, starten konnten.

Weiter war das Erneuern des Daches absolut wetterabhängig und fiel so in den heißen Sommer 2022. Unsere besten Freunde kamen zu Besuch und erneuerten tatkräftig innerhalb von einer Woche zu Dritt eine Dachhälfte komplett. Keiner von den Jungs ist im Handwerk ausgebildet. Die Willenskraft und Know how - made by Youtube haben es möglich gemacht. Allerdings sind sie bei weiteren Projektanfragen recht leise geworden, die Erfahrung mit dem Dach war vielleicht ein bisschen krass. Wir sind in jedem Fall total dankbar für die Unterstützung und werden diesen Sommer noch eine Schüppe draufsetzen: Christian und ich werden in Eigenregie die zweite Dachhälfte angehen, mit Hilfe vom Sohnemann. Das Wetter ist etwas durchwachsen, aber es nützt alles nichts. Man weiß nie, wie sich Mutter Naturs Wetter noch dreht und wendet. Wir starten also besser noch vor Midsommar, frei nach dem Motto: Was du heute kannst besorgen, verschiebe nicht auf morgen! Das ist uns im letzten Sommer besonders aufgefallen, als wir die Renovierung für Juli geplant hatten, es aber 8 Wochen nur Regen gab.

Dafür haben wir dann im Herbst den Zaun komplett erneuert, was sich als eine echte Mammutaufgabe herausstellte. Denn auch da gibt es natürliche Herausforderungen: Die Kriebelmücken. Sie kommen bei Sonnenaufgang, verschwinden am Vormittag und kommen am frühen Abend, bis in die Nacht hinein, zurück. Sie krabbeln in den Nacken und unter die Hutkante und beißen in die Stirn, tanzen in den Ohren oder setzen sich an die Augen. Es ist wirklich eine Qual trotz Kriebelmücken zu arbeiten. Beim Ausbuddeln der Löcher für die Zaunpfeiler kamen sie aus der Erde geflogen und starteten Attacken. Wenn es körperlich eh schon so anstrengend und herausfordernd ist, dann kann man bei dieser zusätzlichen Belastung echt zu viel kriegen. Ich will nicht wissen, wie viele Nerven uns dieses Projekt gekostet hat. Irgendwie war es auch wie so oft: Ich dachte, wir machen mal eben schnell einen neuen Zaun. Der Abbau des alten Zauns, das Reinigen der Fläche, die Vorbereitung der Löcher, der Materialeinkauf, das Einschlagen der Pfosten, das Zuschneiden vom Holz, das Auswickeln des Maschendrahts, das Reinschlagen der Nägel … und dann noch das Tore bauen! Ich habe aufgehört die Stunden unserer Projektarbeiten zu zählen, denn das ist schier gefährlich für die mentale Gesundheit. Fürs Körperliche allerdings, ist es ein Riesenmeilenstein! Ich habe, ohne zusätzlichem Training, sehr schnell an Kraft und Muskelaufbau zugenommen, merke eine erhöhte körperliche Fitness und spüre, wie gut es mir tut, stundenlang draußen zu sein. An einem normalen Sommertag sind wir mehr als 12 Stunden draußen, davon bestimmt 10 Stunden in Bewegung.

Im Winter ist es anders. Die Kälte und der Schnee erschweren jeden einzelnen Schritt. Wenn der Schnee einen halben Meter hoch auf den Feldern liegt, in den Straßengräben sich Schneeberge türmen, der Wald glitzert und funkelt und man beim genauen Hinhören NICHTS hört, dann ist das ein absolutes Winterwonderland. Optisch und für Urlauber. Doch wenn man bei diesen Schneemassen und Kältewellen bis zu minus 35 Grad draußen arbeiten muss, die Tiere gefüttert und getränkt werden wollen, der Stall gereinigt und die Wege freigeschaufelt, um überhaupt erstmal ans Feuerholz oder zum Auto zu kommen, dann wird es schnell zu einer Herausforderung. Man geht weniger zum Spaß raus, nur wenn es sein muss. Ja, natürlich fahren wir auch mal Schlitten und wir lieben es, zum Eisbaden oder Schlittschuhlaufen auf unserem See am Haus zu gehen. Aber das sind sehr kleine Zeitfenster. Es ist sehr unangenehm mehrere Stunden draußen zu sein. Die meiste Zeit genießen wir den Winter vor dem Kamin. Keine Projekte, sondern Stagnation. So fühlt es sich für mich an, wenn uns im Winter, dank Mutter Natur, die Hände gebunden sind. Es hat sage und schreibe drei Jahre gedauert, bis ich verstanden habe, warum Jahreszeiten so wichtig sind. Dass die Kälte und die sechs Monate Pause für die mentale Gesundheit von Vorteil sind, konnte ich anfangs überhaupt nicht verstehen. Ich will auch nicht damit sagen, dass es für jeden gesund ist. Es kann schwierig werden, bei langer Dunkelheit und Kälte in keine depressiven Zustände zu verfallen. Doch bin ich, aus eigener Erfahrung, davon überzeugt, dass dieser „so gefühlte" Stagnations-Zustand ein cleveres Tool von Mutter Natur ist. Denn der Winter zwingt uns zur Ruhe. Die Tage werden kürzer, die Nächte länger und das Leben draußen wird schwieriger. Es ist, als würde Mutter Natur uns keine andere Wahl lassen, als innezuhalten und zu reflektieren. In dieser Zeit der vermeintlichen Stagnation liegt eine tiefe Heilsamkeit. Der Winter schenkt uns eine Auszeit von den endlosen Projekten und körperlichen Herausforderungen, welche die wärmeren Monate mit sich bringen.

Im Sommer sind wir ständig in Bewegung, immer draußen, immer aktiv. Die langen Tage und das milde Wetter laden uns ein, unsere To-Do-Listen abzuarbeiten und neue Projekte zu beginnen. Doch dieser unaufhörliche Tatendrang kann ermüdend sein. Der Winter dagegen gibt uns die Erlaubnis, eine Pause einzulegen. Wir können uns zurückziehen, uns auf das Wesentliche konzentrieren und unseren Körper und Geist erholen lassen.

Die Kälte draußen zwingt uns, drinnen Wärme zu suchen. Das bedeutet nicht nur, dass wir uns physisch in unsere Häuser zurückziehen, sondern auch, dass wir emotional und mental zur Ruhe kommen. Wir verbringen mehr Zeit vor dem Kamin, in Gesprächen mit unseren Liebsten, mit Büchern und Hobbys, die wir während der hektischen Sommermonate vernachlässigen. Diese Rückbesinnung auf einfachere, ruhigere Aktivitäten hilft uns, unsere innere Balance wiederzufinden.

Es ist auch eine Zeit der Reflexion. Der Winter bietet uns die Möglichkeit über das vergangene Jahr nachzudenken, unsere Erfolge und Misserfolge zu analysieren und Pläne für die Zukunft zu schmieden. Diese Reflektion ist entscheidend für unser persönliches Wachstum und unsere geistige Gesundheit. Ohne diese Pause, diese Zeit der inneren Einkehr, würden wir uns leicht in der endlosen Hektik des Alltags verlieren.

Darüber hinaus hat der Winter eine reinigende Wirkung. Die Kälte tötet viele Krankheitserreger und die Ruhepause gibt der Natur die

Möglichkeit, sich zu regenerieren. Pflanzen und Tiere ziehen sich zurück, sammeln Kräfte für das kommende Jahr. Dieser Zyklus des Rückzugs und der Erneuerung ist essenziell für das Gleichgewicht in der Natur – und ebenso für uns Menschen.

Der Winter lehrt uns Geduld. In einer Welt, die ständig schneller, höher, weiter will, erinnert er uns daran, dass es Zeiten gibt, in denen wir einfach abwarten und auf die Rückkehr des Frühlings hoffen müssen. Diese Geduld ist eine Tugend, die uns durch viele Herausforderungen im Leben hilft. Sie gibt uns die Stärke durchzuhalten und zu wissen, dass nach der Dunkelheit wieder Licht kommt.

So gesehen, ist die Winterpause keine Zeit der Stagnation, sondern eine Zeit der Heilung und Erneuerung. Sie gibt uns die Chance, unsere Energien zu sammeln, unsere Gedanken zu ordnen und uns auf das vorzubereiten, was kommt. Wenn der Frühling schließlich Einzug hält, sind wir bereit, mit frischem Elan und neuer Kraft unsere Projekte wieder aufzunehmen und das Leben in vollen Zügen zu genießen. Leider ist der langersehnte Frühling genauso plötzlich wieder weg, wie er kam. In unserer Gegend würde ich den Frühling auf eine Zeit von sechs Wochen begrenzen. Er geht „fließend - fix" in den Sommermodus über.

In Schweden, wo die Winter besonders lang und hart sein können, ist diese Erkenntnis umso wichtiger. Hier ist die Winterpause nicht nur eine Notwendigkeit, sondern ein integraler Bestandteil des Lebensrhythmus. Sie ist ein Geschenk von Mutter Natur, das uns daran erinnert, dass auch wir Teil dieses großen, natürlichen Zyklus sind.

12

Willkommen in meinem Kopf

Mutter Sein — Alltag

Tagebucheintrag vom 16.08.2021

In meinem Kopf habe ich viele Dinge vor. Ich denke an vieles, meist gleichzeitig. Ich stelle Pläne auf und halte mich selten daran. Warum? Meine Standardantwort ist: Ich habe die Kleine. Ja, ich habe die Kleine. Ja, ich möchte sie weitestgehend babygeleitet betreuen. Was bedeutet das für mich? Violetta entdeckt die Welt, ihre eigenen Fähigkeiten und baut sie weiter aus. Sie bestaunt verschiedene Funktionen und Mechanismen, wie das Öffnen von Türen, Klappen und anderen Gegenständen. Try and Error. Darin ist sie mir voraus. Sich trauen und es nochmal probieren, auch wenn es nicht sofort klappt. So ist es auch für mich, zum Beispiel mit diesen Zeilen. Bisher waren es Gedanken. Sie wurden zu Geschriebenem und in meinen Träumen werden sie zu einem Buch gebunden. Ist es so weit gekommen? Habe ich mich getraut?

Nun, wenn ich also babygeleitet den Alltag durchlebe, sitze ich viel „rum". Für meinen Mann sieht es wohl öfter so aus, als täte ich nichts. Jedenfalls sprechen nach meinem subjektiven Gefühl seine Blicke Bände. Was genau bedeutet dieses „Nichts" eigentlich?

In Wirklichkeit ist das „Nichtstun" ein ständiger Zustand der Wachsamkeit und Fürsorge. Es bedeutet, immer bereit zu sein, auf die Bedürfnisse meines Kindes zu reagieren, sei es ein hungriger Blick oder ein müdes Gähnen. Es bedeutet, die Welt mit neuen Augen zu sehen, durch die unschuldigen und neugierigen Augen meines Kindes. In diesen Momenten des scheinbaren Stillstands passiert so viel mehr, als es den Anschein hat.

Es ist eine Zeit der Entwicklung und des Wachstums, nicht nur für mein Kind, sondern auch für mich. Es ist eine Zeit der Selbstreflexion und des Lernens, wie ich meinen Platz in dieser neuen Welt als Mutter finde. Es ist eine Zeit, in der ich lerne, Geduld zu haben und auf die kleinen Freuden des Lebens zu achten, die oft übersehen werden, wenn man in der Hektik des Alltags gefangen ist.

Das „Nichtstun" in der Mutterschaft wird oft unterschätzt. Es ist eine Zeit der Hingabe und Begleitung, in der man sich ganz dem Wohl des Kindes widmet. Doch während man dasitzt, das Kind beobachtet und sich in diesem Moment der Verbundenheit verliert, kann es sich gleichzeitig auch anfühlen, als ob man in einer Falle gefangen ist. Das schöne Gefühl des Beobachtens steht im Kontrast zum Druck, den man spürt, immer aktiv sein zu müssen – ein Gefühl, welches von unserer Leistungsgesellschaft oft verstärkt wird. Man fühlt sich womöglich unter Druck gesetzt, immer etwas tun zu müssen, um ein sichtbares Ergebnis zu erzielen, wie zum Beispiel das Waschen der Wäsche, die Zubereitung eines gehaltvollen Mittagessens oder das Putzen der Bäder. Doch im Gegensatz dazu liegt der wahre Wert der Mutterschaft oft im scheinbaren Nichtstun. Es geht nicht darum ständig in Bewegung zu sein oder Ergebnisse zu produzieren, sondern darum, einfach da zu sein, im Hier und Jetzt, und sich mit seinem Kind zu verbinden.

Es fühlt sich an wie ein ständiger Kampf zwischen dem Gefühl, etwas tun zu müssen, und der Erkenntnis, dass man eigentlich schon genug tut.

Man muss nicht immer „aktiv" sein, um eine gute Mutter zu verkörpern. Man darf da sein, präsent und liebevoll – das ist oft mehr als genug. Und so kehrt man immer wieder zurück zum Anfang der Mutterschaft, zu diesem Gefühl der Hingabe und des Wunders, welches bedeutet, Mutter zu sein.

Erinnerungen

Tagebucheintrag vom 30.01.2022

Es ist einer dieser Momente des Schwelgens in Erinnerungen. Ungewollt. Plötzlich.

Man sitzt so da, schaut sich alte Bilder auf dem Laptop an. Irgendwie hatte ich eine Kleinigkeit gesucht und bin dann nach vielen Klicks durch zig Alben geschlendert.

Da kommen sie hoch. Die Erinnerungen. Erinnerungen an alte Zeiten, an die Heimat.

An Freundschaften, die nicht mehr existieren.

Erinnerungen an Partys, die gefühlt eine Ewigkeit nicht mehr stattfanden. Unsere Gesichter waren noch so viel jünger.

Ein Album aus 2018. Was haben die letzten vier Jahre mit uns gemacht? Wo ist die Zeit geblieben? Und weshalb sind wir so gealtert? Viele Stunden harte Arbeit, Schwangerschaften und Kinderbegleitungen, pandemische Zeiten und später eine Menge Sorgen können schon mal den Alterungsprozess beschleunigen. Das es mir so krass auffällt, hätte ich allerdings nicht gedacht.

Ich weiß gar nicht, was mehr wehtut: Die zerbrochenen Freundschaften oder die Tatsache, dass diese Zeit nicht wieder herstellbar ist.

Wir sind weg. Wir sind ausgewandert. Wir können nicht einfach in unsere Wohnung zurück. Unsere neue Küche, die wir buchstäblich mit Schweiß und Tränen ausgesucht und aufgebaut haben, gehört uns nicht mehr. Auch unser Sofa ist verkauft, all das ist unwiderruflich.

Selbst bei einer Rückkehr, es kann sich so nie wieder anfühlen wie es einmal war.

Und was dabei das Gruseligste ist? Während ich durch die Bilder scrolle, erinnere ich mich richtig gut an die einzelnen Momente. Von der Arbeit, meinem kostspieligen Leasingwagen und dem angenehm schnellen Fahren. Dem Feierabendverkehr rund um das Kaiser Wilhelm Denkmal, den hungrigen Zwischenstopps bei McDonald's für Pommes und Vanille-Milchshake. Ich erinnere mich an den heimischen Geruch beim Tür öffnen unseres Hauses. Ich kann es riechen — jetzt.

Wieso werde ich nur so traurig? Weshalb steigt mir jetzt Pipi in die Augen? Ich habe doch alles, was ich brauche…

Meine Familie — meine Kinder, meinen Mann, meine Pferde, meinen Hund. Eine wunderbare Wohngemeinschaft in einem großzügigen Haus. Drinnen ist es warm, draußen liegt Schnee. Wir sind frei. Keiner folgt uns. Jede Maskerade ist freiwillig, wir haben uns gegen jenes Leben entschieden und können sie l e b e n —
die ersehnte Freiheit.

Wir haben unser erstes Eigenheim gekauft und renovieren es. Es wird wunderbar. Ich kann es sehen. Durch all die viele Arbeit sehe ich, was es für ein wunderbarer Ort werden kann. Es hat so viel Potential. Stück für Stück zum Traum – Wohnen am Wald, mit Pferden im Garten.

Ja, und warum jetzt diese Flashback–Trauer?

Vielleicht, weil ich in den damaligen Momenten gar nicht gecheckt habe, wie wertvoll das Leben ist. Wie leicht und sicher es war. Wie gut wir es hatten. Also, vermeintlich jedenfalls. Alles liegt im Auge des Betrachters. Oder besser: Jeder Wert liegt beim Menschen selbst, wie er es fühlt und annimmt.

All die Widrigkeiten und Streitereien der alten Zeiten scheinen so irrsinnig und albern. Wir hatten doch gar nichts auszustehen! Wir hätten viel mehr leben sollen. Viel mehr lachen, viel mehr lieben.

Und wir hatten Spaß, wirklich! Wir hatten eine mega coole Zeit. Die vielen Konzerte, Festivals, Weinabende, Lachflashs, das fließende Dummgequatsche und Mädchengekichere.

Und doch: zu viel Raum für Murren, Klagen, Lästern. Fürs Jammern und Stöhnen.

Ob ich das Gleiche wohl in ein paar Jahren über unsere jetzige Situation sagen werde? Ich weiß es nicht.

Aber ich möchte es mir zum Anlass nehmen, diesen „Flashback – Moment" an den guten Dingen festzuhalten. **Mehr zu leben, mehr zu lieben.** Weniger zu sorgen oder zu hassen. Das Leben liegt in unseren Händen. Jeden Tag können wir neu entscheiden, ob es ein guter Tag werden darf. Wir können aus jeder Situation etwas Positives ziehen.

Und genau das möchte ich tun. Für mehr Leichtigkeit, für den Seelenfrieden. Für meine Kinder, für ihre Kindheit. Denn für uns ist es so:

„Unser Alltag ist ihre Kindheit."

About Slow Living

08.03.2023 — 23:31 Uhr

Slow Living (altgermanisch: *slæwaz) ist ein Lebensstil, der zu einer langsameren Herangehensweise an Aspekte des täglichen Lebens ermutigt, bei der Aufgaben in einem gemächlichen Tempo erledigt werden. Die Ursprünge dieses Lebensstils sind mit der italienischen Slow-Food-Bewegung verbunden, die als Reaktion auf die zunehmende Beliebtheit von Fast Food in den 1980er und 1990er Jahren den Schwerpunkt auf traditionelle Lebensmittelproduktionstechniken legte.

Slow Living umfasst eine Vielzahl von Unterkategorien wie Slow Money und Slow Cities, die als Lösungen für die negativen ökologischen Folgen von Kapitalismus und Konsumverhalten vorgeschlagen werden und mit den Zielen der grünen Bewegung übereinstimmen.

Im Mittelpunkt der Slow-Living-Bewegung steht auch der Gedanke, dass eine schnelle Lebensweise chaotisch ist, während ein langsameres Tempo die Freude am Leben, eine tiefere Wertschätzung der Sinneserfahrungen und die Fähigkeit, im gegenwärtigen Moment zu leben, fördert. Ein langsamer Lebensstil schließt jedoch die Nutzung bestimmter Technologien wie Mobiltelefone, das Internet und den Zugang zu Waren und Dienstleistungen nicht aus.

Das Akronym SLOW wird häufig verwendet, um die Ziele des langsamen Lebensstils zusammenzufassen. Das „S" steht für nachhaltig, das „L" für lokal, d. h. für die Verwendung von

Materialien und Produkten, die vor Ort hergestellt werden, das „O" für biologisch, d. h. für den Verzicht auf gentechnisch veränderte oder in Massenproduktion hergestellte Produkte, und das „W" für ganz, d. h. nicht verarbeitet.

Es war einer dieser gewöhnlichen Tage. Während ich mich mitten im Alltag befand und auf dem Weg vom Sprachkurs zur Förskola steckte, spürte ich diesen Tunnelblick ins gewisse Leere. Also nicht, dass ich nichts dachte. Es war vielmehr so, dass ich alles Mögliche dachte. Im Hintergrund nahm ich die Musik wahr, aber alles eher betäubt und an mir vorbeifahrend von der alltäglichen Erschöpfung. Doch ein Gedanke ließ mich wieder intensiver wahrnehmen. Ich kann mich nicht mehr erinnern, welcher Gedanke es genau war, aber es spielt auch keine Rolle. Viel wichtiger ist, was ich fühlte und sah: Ich spürte, wie ich die tägliche Strecke fuhr, ich spürte die klare Luft und konnte die Bäume am Wegesrand vom Wind bewegen sehen. Die Sonne schien auf die Blätter und tauchte, von den Feldern weiter über den großen See, den Himmel in ein leuchtendes gelb-blau mit orangenen Akzenten. Ja, ich saß im Auto. Ja, die Heizung bollerte und es scheint objektiv betrachtet unmöglich all diese Dinge wahrnehmen zu können. Doch es ging. Ich war auf einmal so sehr mehr draußen, als im inneren des Autos. Zugleich war das „da draußen sein" umso mehr ein „im Inneren sein". Ein Fühlen und Spüren der Seele und des Geistes.

Ich realisierte zum ersten Mal wie dieses Slow Living wirklich sein musste.
Es schien nicht sehr bedeutsam, in solch simpler oder gar achtloser Situation eine Erkenntnis dieser Art bekommen zu können, doch es passierte so. Plötzlich. Leicht. Einfach. So bedeutsam. Wertvoll.

Es erklärte mir die Herangehensweise des so großen Zusammenspiels, [wonach ich mich so lange gesehnt habe, es versucht habe nachzuahmen um es irgendwann ganz leicht von der Hand her selbst leben zu können] vom - *Attachment Parenting, Artgerechtem Leben, Slow Living, naturverbundenem Leben, geerdet, ausbalanciert, glücklich, echt* - in einer völlig unwesentlichen Situation.

So viele Bücher habe ich gewälzt, zig Fortbildungen besucht, Kleidung versucht anzupassen, Lifestyles anderer nachgeahmt, die mir weiterentwickelt erschienen und irgendwie immer wieder über die Notwendigkeit von psychotherapeutischer Hilfe nachgedacht, da sich diese ganze Batterie vom Work-Life-Balance, Slow Living, Achtsamkeitsgedöns, Attachment Parenting, etc. pp. unerreichbar anfühlte und doch in aller Munde so easypeasy rüberkam.

Eineinhalb Jahre Leben in einer zunächst fremden Umgebung, sich neu orientieren zu müssen, Routinen zu verändern. Als Partner und Familienmitglieder aneinander reiben, stets aufeinander hockend. Ich meine, was war daran schon herkömmlich: seit März 2020 in einer Home-Office Situation zu stecken?

Wie stellte ich mir mein damaliges Leben vor? Wie lebten wir? Irgendwie doch ein ganz klassisches Konstrukt von einer westlichen Familie in einem Industrieland. Die Erwachsenen fahren zur Arbeit, der Haushalt liegt bei der Frau, das Grobe, beispielsweise des Gartens beim Mann, die Kinder gehen zur Schule, am Nachmittag quälen sie sich durch die Hausaufgaben und sind dann auf der Suche nach Spaß und Freiheit. Manche stecken im Netz der sozialen Medien, in der Youtube-Falle oder vor diversen Computerspielen fest, andere spielen in der Siedlung verstecken, fahren Fahrrad und hecken hier und da auch mal Streiche aus. Die ersten Zigaretten gehen herum, die ersten Prügeleien rütteln am behüteten Kindheitstraum. Abends versuchen die Eltern noch ihrer Erziehungsaufgabe nachzugehen und rügen am Abendbrottisch die gepfuschten Deutschaufsätze oder das zerbrochene Fenster vom Frustabbau. Eine Mutter, die auf die letzten Meter des Tages noch versucht etwas pädagogisch Wertvolles mit auf den Weg zu geben, verbietet das abendliche Fernsehprogramm und erlaubt zwei Kapitel Lesen im Lieblingsbuch. Wenn es richtig gut läuft, wird sogar noch gekuschelt. That's it. Nach Licht aus und Tür zu geht es dann runter

vor das „Trash – Programm", welches man eben noch den Kindern untersagt hatte, oder / und jagt zwei, drei liegengebliebene Wäschen durch die Maschine. Der Vater dreht die letzte 10-Minuten-Runde mit dem Hund, fertig aus. Morgens steigen sie dann wieder frisch gestylt und unter Zeitdruck in ihre teuren Leasingfahrzeuge, um mindestens acht Stunden ihres Tages für andere Menschen Träume zu verwirklichen. Im besten Fall. Im schlechtesten Fall fühlt es sich ausschließlich wie ein Sklavenjob an, um das oben aufgeführte Auto finanzieren zu können und am Wochenende neue Einrichtungsideen im Möbelhaus mithilfe der Kreditkarte zu realisieren. All das und noch viel mehr.

All das und noch viel mehr?

All das und doch so wenig. So sollte es gesagt werden. So zumindest ist meine persönliche Erkenntnis.

Was ist es, was mich an Schweden so packt?

Was hat es mit diesem Leben hier auf sich? Ist es nur für uns Einwanderer so sehr anders oder (er-) leben es die Schweden auch so viel intensiver und echter als wir? Vermutlich haben sie ja keinen

Vergleich. In gewisser Weise sehnt sich der Mensch auch nach den Dingen, die er sonst nicht um sich hat, das scheinbar Unerreichbare.

Bei genauer Betrachtung ist es überhaupt nicht unerreichbar. Es ist, wie so oft, lediglich das ICH im Weg. Das Ego. Die verwöhnte Seele, der jegliche Veränderung als anstrengend und unmöglich vorkommt. Wie ein riesengroßer Berg Ungemütlichkeit.

Eisbaden • lebendig fühlen

Tagebucheintrag vom 13.03.2023

Eins steht fest: ohne Schweden wäre ich wohl nie Eisbaden gegangen. Es sind die Umstände vor Ort, die mich dazu bewegt haben.

Wir haben Winter seit Ende Oktober. Ein Ende ist noch nicht in Sicht. Also so insgesamt sechs bis sieben Monate Kälte, Schnee und vor allem Eis. Die Seen haben unfassbar dicke Eisplatten, ein halber Meter ist keine Seltenheit. Ich könnte mit den Pferden darauf reiten, der Nachbar fährt mit seinem Quad über das zugefrorene Wasser.

Wusstet ihr, dass das Eis singen kann? Man hört laute, dumpfe Geräusche, manchmal bewegen sich die Eisplatten unter uns, es entstehen Risse, die wieder gefrieren. Ich hatte zu Beginn sehr großen Respekt, um nicht zu sagen Angst. Meine Kinder auf dem See Eislaufen und Schlitten fahren zu sehen war mit großem Bauchweh verbunden. Doch so langsam legt es sich. Ich fange an es mehr zu achten und weniger Sorge zu haben. Der skandinavische Winter beginnt wie ein Schatz in meinem Herzen zu wachsen. Das Eisbaden entwickelt sich zu einer lieb gewonnenen, feurigen Routine. Es ist so kalt und so heiß zugleich.

Unser Leben in Schweden - ein echtes Eintauchen in das Leben im Einklang mit der Natur.

Bei meinem ersten Erlebnis mit dem Eisbaden hatte ich wirklich Sorge, mein Herz könnte aus dem Rhythmus gelangen. Da ich aber mit einer Frauengruppe zusammen war, die ich bis dato kaum kannte, wollte ich mir nicht die Blöße des Jammerns geben, sondern dem Rat aller folgen: dieses wohl so besondere Erlebnis auszuprobieren.

Mental Health

14.01.2024

Die Gefühle, die dabei entstehen, wenn der Kopf sich dreht und das Herz schreit, aber nichts aus dem Körper herauskommt…

Die sind so unerträglich.

Ich weiß nicht, was mich heilen wird und ob ich überhaupt Heilung benötige, aber diese extreme, wenngleich auch seltene Distanz zwischen meinem Partner und mir, wenn wir nicht auf einer Frequenz kommunizieren, zerreißt alles in mir. Ist es ein Vielfühler - Phänomen? Ich weiß es nicht. Ist es übertrieben? Möglicherweise. Hilft es mir im Leben weiter? Teils teils.

Von außen betrachtet sieht's ganz chic aus. Doch es ist, wie es ist: Wir sind Menschen. Wenn Menschen miteinander leben, dann kommt es unweigerlich zu Konflikten. Es liegt an uns, wie wir diese lösen. Doch ich wage zu behaupten, dass es nicht ohne Konflikte möglich ist. Optimistisch wie ich bin, wage ich ebenfalls zu behaupten, dass Konflikte heilend sind. Ja, ich habe festgestellt, dass meine mentale Weite nach etwaigen Auseinandersetzungen größer wird. Ich wachse. Wir wachsen. Und zwar nicht über uns hinaus, sondern mit unserem Tempo in eine Richtung der Erneuerung, der Rehabilitation.

Doch genug philosophiert. Ich möchte ein paar Dinge nennen, die uns immens dabei unterstützt haben, durch Konflikte zu wachsen. Vielleicht fühlst Du, was ich sage, und kannst das ein oder andere Tool gut für Dich und Dein Leben nutzen. Frei nach dem Motto: Take it or leave it!

Meine Werkzeuge, erlernt während meines bisher größten Learnings —der Auswanderung mit meiner Familie, Leben im kalten Norden:

Keine Entscheidungen rund um die Menstruationsphase:
Die hormonellen Schwankungen während der Menstruationsphase können das emotionale Empfinden erheblich beeinflussen. Es ist daher hilfreich, wichtige Entscheidungen nicht in dieser Zeit zu treffen, sondern sich selbst die Erlaubnis zu geben, abzuwarten, bis die emotionale Stabilität zurückkehrt.

Es ist okay, vor dem Antworten eine Nacht darüber zu schlafen:
In hitzigen Momenten kann es schwer sein, klar und rational zu denken. Gönne dir die Zeit, eine Nacht darüber zu schlafen, bevor du antwortest. Dies ermöglicht es dir, deine Gedanken zu ordnen und eine durchdachte Antwort zu geben, die nicht von impulsiven Emotionen getrieben ist.

Es ist nicht okay, Dinge unter den Teppich zu kehren und bei der nächsten Diskussion wieder hervorzuholen:
Ungeklärte Konflikte können zu Groll und Missverständnissen führen. Es ist besser, Probleme direkt anzusprechen und zu lösen, anstatt sie zu verdrängen und bei späteren Konflikten wieder hervorzuholen. Offene und ehrliche Kommunikation ist der Schlüssel.

Zeit im Wald, Zeit in der Natur, ist heilsam:
Die Natur hat eine beruhigende Wirkung auf den Geist. Zeit im Wald oder allgemein in der Natur kann Emotionen entschleunigen und das Herz öffnen. Diese Ruhe und Gelassenheit können helfen, Konflikte mit mehr Klarheit und weniger Stress anzugehen.
Längere und etablierte Umarmungen im Alltag minimieren Kurzeskalationen.

Körperliche Nähe und Zuneigung können Spannungen abbauen und das Gefühl der Verbundenheit stärken:
Regelmäßige und längere Umarmungen im Alltag können dazu beitragen, dass kleine Konflikte gar nicht erst eskalieren.

Im Grunde wollen doch alle nur das Beste, kommuniziert WAS das BESTE für jeden Einzelnen gerade ist:
Jeder Mensch hat individuelle Wünsche und Bedürfnisse. Diese offen zu kommunizieren hilft, Missverständnisse zu vermeiden und gemeinsam nach Lösungen zu suchen, die für alle Beteiligten akzeptabel sind.

Es gibt vielleicht nicht immer einen gemeinsamen Nenner, aber öffnet eure Herzen, wenn über Wünsche und Bedürfnisse offen gesprochen werden kann:
Manchmal gibt es keinen perfekten Kompromiss, aber das offene Sprechen über Wünsche und Bedürfnisse kann die Herzen öffnen und Verständnis schaffen. Dies kann dazu führen, dass Konflikte mit mehr Empathie und weniger Härte ausgetragen werden.

Teilt einander mit, ohne zu bewerten:
Teilt eure Gedanken und Gefühle mit, ohne sie zu bewerten oder sofort Lösungen anzubieten. Lasst Raum für den anderen, seine Sichtweise zu äußern. Direkte Rückmeldungen oder Lösungsideen sollten erst gegeben werden, wenn sie ausdrücklich gewünscht sind. Dies gilt besonders für Menschen, die oft das Bedürfnis haben, Lösungen anzubieten, statt einfach nur zuzuhören.

Diese Werkzeuge können dabei helfen, Konflikte nicht nur zu bewältigen, sondern auch daran zu wachsen und eine tiefere

Verbindung zu sich selbst und dem Partner zu finden. Möge dich dein Weg durch die Herausforderungen des Lebens stets zu einem besseren Verständnis und größerer innerer Ruhe führen.

13

Hebammerei

Will ich weiter als Hebamme arbeiten?

Jedes Mal, wenn sich eine mögliche Klientenanfrage auftut, spüre ich dieses Bauchkribbeln. Eigentlich bin ich total hin und her, was ich hier beruflich wirklich auf die Beine stellen möchte. Ja, ich liebe meinen Beruf als Hebamme und betrachte ihn als die beste Ausbildung, die ich hätte wählen können. Manchmal vermisse ich sogar die Arbeit im Klinikum. Es hat ein professionelles und zufriedenes Gefühl hinterlassen, besonders wenn die Dienste im Team ein gutes Zusammenspiel waren – die Zeiten, in denen wir „Manpower-mäßig" gearbeitet haben und die Geburten physiologisch und psychologisch für **alle** Beteiligten positiv verliefen.

Mit der Freiberuflichkeit verknüpft mein Gehirn die Autofahrten mit angenehmen Comfort, sei es mit meinem geliebten Golf oder dem vollausgestatteten Leasing-Leon, zu wunderbaren Frauen und deren Familien. Sie nahmen sich meiner Ratschläge gern an und waren glücklich über die Betreuung, sei es bei Massagen, Stillbegleitung oder dem genauen Inspizieren von Mutter und Kind. Nette Gespräche und ein perfektes Arbeitsklima im Kreise frischgebackener oder werdender Eltern gehörten ebenso dazu. Ich konnte mir die Zeiten selbst einteilen, erledigte zwischendurch

Einkäufe und führte Telefonate. Oft fanden Wochenbettbesuche noch vor oder nach dem Dienst in der Klinik statt. Eine 50-Stunden-Arbeitswoche war keine Seltenheit. Dafür besuchte ich in meiner freien Zeit einige Konzerte, feierte auf Festivals mit den weltbesten Freunden, genoss Spa- und Wellnesstage mit meinem Mann oder besuchte spannende Fortbildungen, vorzugsweise in der Hebammenpraxis 37 in Düsseldorf.

Natürlich gab es auch Schattenseiten, keine Frage. Extreme Dienste, deutlich über der Zeit, nicht zur Toilette gekommen, geschweige denn eine vernünftige Pause gehabt. Frauen, die allein im Zimmer Wehen hatten, da das Personal mal wieder knapp besetzt oder der Kreißsaal überfüllt war. Schlecht gelaunte Kollegen, tonnenweise Papierkram, ständiges Lärmen der Klingel im Ohr. Doch tatsächlich überwog das Positive und an das ich primär denke, wenn ich mich an meinen alten Arbeitsrhythmus zurückerinnere.

Jetzt ist alles anders. All diese Tätigkeiten gibt es hier nicht in demselben Ablauf und teilweise auch gar nicht. Jede Autofahrt ist deutlich länger, die Frauen stehen zur Betreuung nicht mehr Schlange – was bei lediglich 10 Millionen Schweden im Vergleich zur deutschen Bevölkerungsdichte ja irgendwie klar war.
Es hat lange gedauert, bis ich erste Kontakte zu Kolleginnen aufbauen konnte, ich musste sie überhaupt erst einmal ausfindig machen.
Die erste Hebamme, zu der ich Kontakt aufnahm, war mir sehr sympathisch. Wir harmonierten trotz Sprachbarriere super miteinander. Sie gab mir bürokratische Tipps und versprach Hilfe, sofern ich welche benötigte. Noch stand das Erlernen der schwedischen Sprache an erster Stelle, sodass ich sowieso erstmal

noch nicht offiziell als Hebamme arbeiten konnte. Die Möglichkeit die Zeit bis zur Legitimation als Doula[29] Geburten zu begleiten schien hierzulande gebräuchlich. So entschloss ich mich diesen Weg zu wählen.

Es war ein mühseliger Weg durch die Bürokratie — wenn ich mühselig sage, dann ist das vermutlich noch untertrieben. Ich kann nicht beschreiben, wie kräftezehrend der gesamte Prozess der Beantragung wirklich war und das primär nicht wegen der schwedischen Behörden, so viel sei gesagt! Genau genommen könnte dieses Kapitel ein eigenes Buch füllen, so viele Aufs und vielmehr Abs habe ich in dieser Zeit durchlebt. Dinge, die rückblickend so unwirklich erscheinen und doch war es die Realität. Ich stand gefühlt dreihundertfünfundsechzig Mal vor dem Aufgeben. Aber ohne Euch weiter mit dieser Sache zu quälen: es war sehr kräftezehrend. Punkt. Und doch von Erfolg gekrönt. Im März 2024 erhielt ich meine Berufslegitimation.[30] Officially Barnmorska!

Irgendwie witzig, da man mir genau vor sieben Jahren im gleichen Monat meine Examensurkunde überreichte. Ich persönlich mag Ereignisse zu verbinden und das Schicksal dahinter zu sehen. Zufälle gibt es für mich nicht. Ein Grund mehr nach vorne zu schauen und schon voller Vorfreude auf das Jahr 2031 zu warten, sieben Jahre nach diesem neuen Meilenstein. Denn es werden weitere folgen, da bin ich mir sicher.

---

[29] Eine Doula ist eine Begleiterin, die werdende Mütter emotional und praktisch während Schwangerschaft und Geburt unterstützt, jedoch keine medizinischen Aufgaben übernimmt.

[30] Einen kleinen Einblick in meine Gefühlswelt zu diesem Ereignis gebe ich im Kapitel „Achterbahn - März".

Finanzielle Unabhängigkeit

Durch den Erhalt der offiziellen Arbeitserlaubnis hier in Schweden öffneten sich neue Türen und Möglichkeiten. Ich ergänzte meine Selbstständigkeit als Doula mit den Tätigkeiten der Hebammerei und organisierte weitere wichtige Schritte, die mit der Arbeit zu tun hatten. Es war herausfordernd, aber auch spannend. Über Instagram wurde meine Reichweite größer und ich erhielt alsbald einige Anfragen zu Hausgeburtsbegleitungen. Es ergaben sich interessante Gespräche und Kontakte. Ebenso entstanden besondere Verbindungen und auch Freundschaften. Es war bei weitem, finanziell betrachtet, noch nicht ausreichend, um unsere monatlichen Fixkosten zu decken, doch es war Licht am Ende des Tunnels zu erkennen. Dadurch, dass wir noch etwas Geld gespart hatten, war die Notlage nicht groß genug, um verzweifelt nach Alternativen zu schauen. Es war zwar beruhigend, doch eine gewisse Form von Druck lag auf unseren Schultern. Der Puffer war endlich, die Nerven schon fast drei Jahre strapaziert. Wir hatten das große Glück, dass Christian das erste Jahr noch für seinen deutschen Arbeitgeber im Home-Office arbeiten konnte und im Anschluss eine kleine Anstellung hier in Schweden bekam. Doch es war keine Langzeitlösung und neigte sich dem Ende.

Besonders aus finanzieller Perspektive betrachtet, ist ein Auswandererleben ein hohes Risiko. Manchmal ist es schwer positiv zu bleiben und die Wertigkeit der Freiheit zu sehen, die durch das neue Leben erlangt wurde. Ende 2023, als ich noch in dem Prozess der Beantragung der Legitimation war und alles etwas nebelig schien, überkamen mich Zweifel und Ängste. Ich wusste, dass es so einfach für mich sein würde, in Deutschland als Hebamme Geld zu verdienen. Es wäre der „bequemere Weg", zurückzugehen. Was natürlich nicht ganz stimmt, das war mir auch bewusst. Sich wieder in der Heimat und im alten System einzufinden, welches man ja aus gewissen Gründen verlassen hatte, ist bestimmt nicht bequem. Doch im Kopf rechnet es sich bequemer, wenn man weiß, wo das Geld und somit eine der essentiellen Grundlagen zum Leben, einfacher zu verdienen ist.

Ich vermisste die Arbeit in meiner Muttersprache, den Austausch mit den Frauen und ihren Familien in allen Facetten. Sprache ist ein echter Schlüssel und ich wünschte, ich hätte das zu meiner Schulzeit ernster genommen. Aber so ist es eben eine Herausforderung und jede Herausforderung ein Learning.

Ich merke, wie ich beim Schreiben zu mir selbst predige. Kennt ihr das, wenn ihr andere ermutigen wollt und dabei selbst gestärkt aus dem Gespräch herausgeht?! That's me in soooo vielen Situationen. Ich liebe es! Positives Mindset, Leute.

Im Frühling nahm es beruflich dann richtig Fahrt auf. Die Ereignisse und Gelegenheiten überschlugen sich förmlich. Sowohl das Verbinden mit den Hausgeburtshebammen als auch die neuen Buchungen zu Geburtsbegleitungen wurden ergänzt durch einen großen Schritt in die finanzielle Unabhängigkeit. Mein Herz rief förmlich: Tu es! Also tat ich es.

Ich wurde Teil eines großen Network Marketing Teams im Bereich natürlicher und frischer Schönheit von innen und von außen. Obwohl ich lange skeptisch gegenüber dieser Arbeitswelt war und mich gegen Partnerschaften gewehrt hatte, diesmal war es anders. Die Qualität der Produkte, meine Mentorin und unser Team, das Business - Mindset und dieses dahinterstehende nachhaltige Familienunternehmen haben eine ungeahnte Freude in mir ausgelöst.

Bereits im ersten Abrechnungsmonat übertraf ich meine vorherigen Vorstellungen und stellte mich nahezu jeder Herausforderung. Es ist alles noch so frisch, deshalb kann ich Euch keine Langzeitstudie diesbezüglich liefern. Doch was ich Euch sagen kann: Es hat mich enorm vorangebracht. Alte Glaubenssätze und Selbstwertprobleme sind passé, Zukunftsängste wurden abgelöst von Tatendrang und der Überzeugung des Könnens.

Ich kann es, Du kannst es. Das ist mein Grundtenor. Wir können das Erreichen, wonach wir uns von Herzen sehnen! It is possible!
Raus aus der Komfortzone, rein in ein freies, erfülltes Leben.
Das macht dieses ganze Auswandererleben und die inkludierte finanzielle Unabhängigkeit für mich aus.

Hausgeburtsbegleitungen

Schnell eingesprungen

Kurze Zeit nach dem ersten Telefonat mit meiner schwedischen Kollegin rief sie mich erneut an und bat um Unterstützung. Ein deutsches Paar erwartete in zwei Wochen ihr drittes Kind, wohnhaft ungefähr zwei Stunden Fahrzeit von mir entfernt, und sie hatte noch eine weitere Hausgeburt zur selben Zeit. Sie konnte das Paar also nicht gewissenhaft betreuen. Nun, ich hatte noch keine Legitimation, aber ich konnte die Rolle der Doula wählen.

Rückblickend fühlt es sich so leicht und natürlich an, dass ich mich für die Geburtsbegleitung entschieden habe. Doch in der Situation war ich mega aufgeregt. Immer wieder kursierte die große Frage in meinem Kopf: „Darf man das?"

„Als Hebammen steht ihr immer mit einem Bein im Knast!", so wurden wir während der Ausbildung gewarnt. Die Rechtslage war schwierig, Geburten schwer kontrollierbar, es konnte alles passieren. Bei einer medizinischen Ausbildung wird der Fokus auf Sicherheit gelegt. Aber nein, nicht unbedingt die Sicherheit der Frau, sondern der Sicherheit des Systems. Das System muss geschützt werden. Es ist ein heikles Thema und würde ein eigenes Buch füllen, doch Fakt ist, und dafür habe ich hier ein paar Zeilen, um es zu erwähnen: Jede Frau hat das Recht, frei zu entscheiden, wie, wo und wann sie gebären möchte. Die Gesellschaft, das System, muss dringend aufhören, Geburten zu pathologisieren und in ein Muster zwängen zu wollen. Ebenso sollten wir Hebammen aufhören, Dienerinnen des

Systems zu sein, sondern ausschließlich Dienerinnen der Gebärenden!

Ich hatte die Expertise und alles, was ich für eine artgerechte Geburtsbegleitung benötigte. In meinem Kopf ging ich sämtliche Schemata durch, die ich während meiner Ausbildung rauf und wieder runter gebetet hatte. So auch die Wichtigkeit der Anamnese der Frau, die Schwangerschaftsvorsorgen und viele andere Dinge.

Meine Kollegin stellte den Kontakt her und ich entschied mich für ein erstes Kennenlernen, um die Lage zu checken.

Ich war dem Himmel so dankbar, als nicht nur mein Herz, sondern auch meine Augen sahen, dass diese Frau ohne Probleme zuhause gebären wird. Sie hatte rein medizinisch betrachtet null Risikofaktoren oder etwaige Besonderheiten, was es mir als Neuling in der Hausgeburtshilfe deutlich erleichterte. Im klinischen Rahmen Geburten zu begleiten ist definitiv ein anderer Schnack. Man hat stets den Chefarzt, der die Hauptverantwortung trägt, das System, welches den Rahmen hält, Leitlinien, die zu Richtlinien geworden sind und ein Team, welches im besten Fall den Rücken stärkt.

Hier draußen, in einem fremden Land, allein, ohne Legitimation eine Hausgeburt zu begleiten, das war eine krasse Entscheidung für mich. Ihr müsst wissen, ich habe stets sehr gewissenhaft meine Arbeit verrichtet. Mir war es wichtig, keine Schwierigkeiten zu bekommen und das Richtige zu tun. Tief in mir war der Drang nach Freiheit schon immer stark und mein Herz sprach so oft, während meiner Zeit im System, zu mir und sagte: So geht es nicht weiter. Das kannst du persönlich, als Hebamme Anna, als Mensch, nicht verantworten. Du willst keine machtlose Frau unter der Geburt begleiten! Machtlos gemacht, durch das System!

Wisst ihr, ich habe mir gedacht, dass es doch eigentlich ganz leicht ist: Diese Frau möchte auf keinen Fall ins Klinikum, sie möchte daheim gebären. Wenn ich nicht komme, dann wird sie allein zu Hause sein und gebären. Ich habe mit meinem Gewissen vereinbart, dass ich als kleines „Add on" dabei sein werde. Als emotionale Begleitung, als Doula. Es ist nichts falsch daran, einer Frau unter der Geburt beiseitezustehen, es ist nicht verboten. Alles wird gut und alles ist gut. Mein Herz wusste es, die Frau wusste es. Nur der Kopf musste belehrt werden.

Sie rief mich nachts um vier Uhr an mit leichten, aber regelmäßigen Wehen. Aufgrund der weiten Entfernung zu ihr fuhr ich direkt los. Ehrlich gesagt gab ich den Pferden erst noch etwas Heu, aber dann fuhr ich wirklich sofort los.

Es war ein langer, ruhiger Verlauf. Das dritte Kind eben. Es ist eine alte Hebammenweisheit, die besagt, dass die dritten anders sind. Manche kommen rasch, andere lassen sich viel Zeit. Es gibt häufiger geburtliche Besonderheiten im Vergleich zu den zwei vorherigen, bei den dritten Kindern. Solange die Frau sich gut fühlte, war auch für mich alles in Ordnung.

Bei der letzten Phase der Geburt ging es dann schnell, auch klassisch. Eigentlich alles schön nach Lehrbuch, ein echtes Geschenk für mich als ehemalige Klinikhebamme. Das Kind benötigte nach der Geburt „einen Kuss von Mama", sodass die Atemwege schön frei wurden und etwas mehr Ansprache am Körper. Ich denke, es ging ihm etwas zu rasch durch den Geburtskanal.

Die Geschwisterkinder und der Papa waren alle mit dabei und halfen fleißig. Es war eine Geburt auf dem Sofa, im trauten Heim, ohne Medikamente, ohne Schnickschnack. Es war echt und friedvoll. Es geschah alles zu seiner Zeit.

Eine wundervolle Geburtserfahrung für alle Beteiligten.

Ich bin sehr dankbar für die Entscheidung der Familie auf ihr Herz gehört zu haben. Es war mir eine Ehre dazu eingeladen worden zu sein. Danke!

Meine Liebe für Kvarnfall

Zuallererst: Diese Geschichte ist DAS Beispiel für die besonderen Herzensverbindungen, die während meiner Hebammenarbeit entstehen. Nicht jedes Mal, nicht alle gleich intensiv, aber sie entstehen. Und dafür bin ich sehr, sehr dankbar.

In meinem Postfach wartete eine E-Mail einer Doulakollegin auf mich. Sie fragte nach meinen Kapazitäten für ein Paar aus meiner Region, mit einem errechneten Geburtstermin im Juli, meinem Geburtsmonat. Meine Sommerplanung war entspannt, ich hatte Zeit und großes Interesse. So schlug ich dem Paar ein erstes Kennenlernen in der einzigen Konditorei des Dorfes vor und freute mich schon auf das Gespräch. Sie sprach Englisch, ihr Partner sowohl Schwedisch als auch Deutsch und Englisch, herrlich!

Es kam, wie mein Bauchgefühl mir bereits verriet: Die Energie zwischen uns war perfekt! Wir hatten ähnliche Interessen, reichlich Gesprächsstoff und die Voraussetzungen für eine Hausgeburt waren einwandfrei. Es war ihr erstes Kind, also keine übliche Ausgangssituation in Schweden daheim zu gebären. Doch aus Hebammensicht gilt dies nicht als einen Einwand per se, so vereinbarten wir ein weiteres Treffen zur Schwangerschaftsvorsorge und begannen die Zeit des Kennenlernens für eine optimale Geburtsvorbereitung.

Als ich das erste Mal zu ihnen nach Hause fuhr, kam ich mir vor wie im Film. Ich musste auf einem kleinen Schotterplatz parken und zehn Minuten zu Fuß durch den Wald spazieren, um „im Paradies" anzukommen. „Paradies", so nannte ich zukünftig diesen Ort: An einem Teich vorbei erblickte ich ihre kleine Farm auf einer Lichtung inmitten der schwedischen Wälder. Sie hatten zwei Pferde, Enten, Hühner, eine Katze und einen Hund. Eine Idylle wie es im Buche steht. Zur Toilette ging es an den Gemüsebeeten vorbei zu einem kleinen Häuschen im Garten. Meine Plumpsklo Erinnerungen aus der Kindheit wurden geweckt.

Die Atmosphäre war friedvoll und beruhigend. Wir sprachen Englisch, doch bei Wortfindungsstörungen half mir Götz, ihr Partner, und wir klärten Unverständlichkeiten auf Deutsch. Und wieder schien die Sprache als Schlüssel. Doch mit Mari, der Schwangeren, war es irgendwie tiefgehend. Wir verstanden uns auch ohne große Worte. Ich meine damit die entstehende Herzensverbindung. Es war unumgänglich, wir konnten nicht anders als uns zu verstehen.

Einmal lud sie mich und zwei weitere Freundinnen zum Baden im See, saunieren im Wald und Spätzle essen ein. Wir wanderten eine halbe Stunde durchs Dickicht, bis wir eine große Lichtung mit einem von Moos ummantelten See erreichten. Wir zogen uns nackt aus und schwammen bis ans andere Ufer. An der Oberfläche war das Wasser lauwarm, einen halben Meter tiefer eiskalt. Ich konnte keinen Grund sehen, wie so oft in den schwedischen Gewässern. Doch das Gefühl mich meinen Ängsten zu stellen, wurde mit einem Freiheitsgefühl von Lebendigkeit belohnt. Diese Stille, diese Natürlichkeit und diese echten, wundervollen Frauen nackt in der Wildnis. Eine Erfahrung, die etwas ganz Besonderes in meinem Leben hinterließ.

Als sie mich zur Geburt rief, war es Nacht. Ich stapfte also mit meiner Hebammentasche durch den dunklen Wald. Ich hatte keine Angst. Ich fühlte mich wie verzaubert. All das war so surreal. Ich in Schweden, als Hebamme, mitten im Wald, auf dem Weg zur Geburt. Kann mich bitte mal jemand kneifen?

Bei Mari angekommen, strömte mir eine kraftvolle Geburtsenergie entgegen. Sie war im gemütlichen Obergeschoss, wie in einer geschützten Gebärmutter, und veratmete die Wehen. Es fühlte sich alles richtig und natürlich an. Sie wehte lange, wechselte die Positionen und ruhte sich wieder aus. Der Verlauf war zäh, irgendwie typisch für eine Erstgebärende. Ihr Körper wurde müde, wir alle wurden müde. Dem Kind ging es gut, es bewegte sich viel und die Herztöne waren optimal. Eine der wohl prägendsten Situationen war, wie wir alle quer im Bett lagen und für einen Moment schliefen. Wir waren eins im Takt ihrer Geburtsarbeit. Doch die Zeit verging und die Geburt zog sich in die Länge. Es ging sowohl Mutter als auch Kind gut, dennoch waren die Kräfte trotz der vielen Pausen beinah aufgebraucht. Ich schlug vor im Rahmen der Sicherheit zur Klinik zu wechseln und ließ ihr Zeit darüber nachzudenken. Nach einer Weile war sie bereit und wir fuhren 75 Minuten zum Kreißsaal. Die Reise war anstrengend, da wir alle so erschöpft waren. Mari blieb tapfer und fokussiert. In der Klinik gebar sie kurze Zeit später ihren gesunden Sohn. Der Traum der Hausgeburt ist Teil dieser Geschichte. 80% der Geburtsarbeit fand in ihrem vertrauten Heim statt.

Wir Frauen sollten mehr das schätzen, was wir bereits erschaffen und geschafft haben, als auf die Meinung der Gesellschaft zu achten. Wir sollten darauf schauen, was wir im Stande sind zu bewältigen, denn das ist wirklich grandios und bemerkenswert.

An jede Frau an dieser Stelle, die ein Kind, oder auch mehrere, geboren hat: Egal wie die Geburten „zu Ende gingen", ehrt Euch für das, was ihr geschafft habt!
Es gibt keine bessere Gebärende als Dich!

Mari ist im Frieden mit ihrer Geburtserfahrung. Geburt ist nicht planbar, Geburt ist Natur. Sie blieb im Flow und das war gut so.
Ich besuchte sie weiterhin im Wochenbett und unsere Freundschaft vertiefte sich immer mehr. Jetzt, fast ein Jahr später, kommt es uns so vor, als wären wir schon ewig befreundet.
Natürlich hat die Geburtserfahrung unsere Verbindung gestärkt, es ist nicht möglich Freundschaften im außergeburtlichen Rahmen mit dieser zu vergleichen. Vergleichen ist ja eh doof.

An dieser Stelle möchte ich zum Ausdruck bringen, dass ich sehr viel lernen und fühlen durfte. Diese Hausgeburt wird immer ein besonderer Teil von mir sein. Diese Freundschaft ist eine echte Herzensverbindung. Danke, Mari. Danke, Götz. Für euer Vertrauen!

Schwangerschaftsversorgung

Als Hebamme fühle ich mich dazu berufen, auch in diesem Buch etwas über die Schwangerschaftsbetreuung, Geburtsbegleitung und Wochenbettunterstützung zu teilen.

Mehrere umfassende Ratgeber findest Du auf meiner Homepage.

Als Leser meines Buches hast Du die exklusive Möglichkeit Dir diese Ratgeber kostenlos herunterzuladen. Scanne hierfür den Code und schreibe mir eine Nachricht über „Contact":

Nachfolgend habe ich Dir einige Informationen zur Gesundheitsversorgung in Schweden für Schwangere zusammengefasst.

In Schweden spielt die **Vårdcentral** eine zentrale Rolle in der medizinischen Grundversorgung. Man könnte es als Ärztehaus bezeichnen, in dem Gesundheits- und Krankenpflegerinnen und Pfleger die Erstversorgung jeglicher Behandlungen übernehmen.

Die **Barnmottagningen**, auch als Hebammensprechstunde bekannt, ist ein essentieller Bestandteil in der jeweiligen Vårdcentral. Für jeden Bewohner ist die jeweilige Vårdcentral der Kommune zuständig. Manche Termine können auch in anderen Kommunen stattfinden, wie z.B. Ultraschalluntersuchungen.

Wenn eine Frau schwanger ist, wird sie regelmäßig zu Besuchen in die Barnmottagningen eingeladen. Diese dienen dazu, den Gesundheitszustand von der Schwangeren und dem Baby zu überprüfen und sich auf die bevorstehende Geburt vorzubereiten. Die Besuche sind freiwillig und kostenlos.

Zukünftige Miteltern sind herzlich eingeladen an den Besuchen bei der Hebamme teilzunehmen, wenn die Schwangere dies wünscht. Sie können Fragen stellen und Unterstützung erhalten.

Es ist üblich, zu einem ersten Besuch früh in der Schwangerschaft eingeladen zu werden, bei dem Informationen zu Gesundheit und Lebensstil während der Schwangerschaft befragt und vermittelt werden. Dies beinhaltet beispielsweise Informationen über Rauchen oder Snus[31], Alkohol, Drogen und bestimmte Medikamente, die den Fötus beeinflussen können. Die Schwangere erhält auch Informationen zur pränatalen Diagnostik, wenn sie dies wünscht.

Sidenote:
Es kann seitens der Hebamme Kontakt zum Sozialdienst aufgenommen werden, ohne Einwilligung der Befragten, wenn bei den Antworten Bedenken auftreten oder allgemein in Situationen, in denen zusätzliche Unterstützung erforderlich ist.

Die Schwangerschaft wird in einer Akte dokumentiert, in der die Hebamme Informationen zu dem Gesundheitszustand, Gewicht,

---

[31] **Snus** setzt sich aus getrocknetem und gemahlenem Tabak zusammen, der mit Salzen gewürzt und mit unterschiedlichen Aromen angereichert ist. Der urig skandinavische Lutschtabak ist in Schweden sehr beliebt. Fast 30 Prozent der schwedischen Bevölkerung klemmt sich den Tabak im Beutelchen hinter die Oberlippe.

verschiedenen Testergebnissen sowie Informationen zu Krankheiten und Medikamenten festhält.

Schwangerschaftsbescheinigung und Besuche

* In der 20. Schwangerschaftswoche erhalten Schwangere eine Bescheinigung von der Hebamme, die an die Sozialversicherungsbehörde geschickt wird.
* Unkomplizierte Schwangerschaften sehen etwa sechs bis zehn Hebammenbesuche vor, wobei Erstschwangere oft häufiger betreut werden.
* Die Besuche erfolgen monatlich bis zur 30. Schwangerschaftswoche und werden danach bei Bedarf häufiger.

Eltern-Treffen (Föräldraträffar)

* Hebammen organisieren Eltern-Treffen mit verschiedenen Gesprächsgruppen und Informationsveranstaltungen zu Geburt, Schmerzlinderung, Stillen und dem Neugeborenen. Infos dazu findet man in der Vårdcentral oder Kommunen - Zentrale.

Spezialisierte Geburtskliniken und Tests

* Personen mit bestimmten Krankheiten oder Umständen, die die Schwangerschaft beeinflussen könnten, werden gegebenenfalls zu spezialisierten Geburtskliniken überwiesen.
* Im Rahmen der Schwangerschaftsvorsorge in der Barnmottagningen nehmen Hebammen regelmäßig Blutproben, Urinproben und überprüfen Gewicht sowie Blutdruck.

- Es ist üblich, dass alle Untersuchungen von der Hebamme durchgeführt werden.
- Ultraschalluntersuchungen werden meistens auch von spezialisierten Hebammen durchgeführt, die Ergebnisse dann an die zuständige Ärztin/Arzt weiterleitet.
  Man bekommt nur eine Rückmeldung, wenn es Auffälligkeiten geben sollte.
- Alle Dokumente sind digital einsehbar vom zuständigen Gesundheitspersonal.

Nach der Geburt

- Die Hebammenbetreuung umfasst auch die Zeit nach der Geburt, mit Nachuntersuchungen, Überprüfung von Hämoglobinwert, Blutdruck, Gewicht und ggf. gynäkologischer Untersuchung.
- Themen wie Verhütung und die Veränderungen durch das Elternsein werden besprochen.

Anspruch auf Informationen und Versorgung

- Eltern haben das Recht auf Informationen und Verständnis, sie können eine Überweisung zur spezialisierten Versorgung erhalten und haben Anspruch auf Dolmetscherdienste, wenn sie kein Schwedisch sprechen.

14

Achterbahn – März und echtes Bullerbü

„Nichts ist absolut, alles verändert sich, alles bewegt sich, alles dreht sich, alles fliegt und verschwindet."
- Frida Kahlo

Wie wild kann ein Monat sein? Der März so: JA!

Das Buch sollte längst im Lektorat sein, die letzten Kapitel bekamen ihren Feinschliff. Wenn man so fast drei Jahre im Ausland lebt und darüber ein Buch schreiben möchte, kann es schwer fallen einen roten Faden zu finden. Viele Ereignisse, die ich teilen möchte, liegen zeitlich weit voneinander entfernt. Wie umfangreich möchte ich die Expedition Freiheit beschreiben? Wo fängt sie an, wo hört sie auf? Der Anfang fiel mir leicht, das Ende umso schwerer. Ihr müsst wissen, treibende Kraft dieser Zeilen sind stets meine Emotionen. Das, was ich täglich fühle, was mich bewegt und woran ich dann denke: „Krass, das muss ich erzählen. Das ist so irre, das glaubt mir doch keiner." Oder auch: Wenn andere sich genauso fühlen, dann möchte ich sie ermutigen. Bestärken weiterzumachen, zu träumen, zu leben und zu kämpfen für das, was ihnen am Herzen liegt. Es tut so oft saumäßig weh, doch der Lohn ist unbeschreiblich. Wie viele Tränen der Sorge und des Kummers sind geflossen im

Zusammenhang mit meinem Leben mit den Pferden? Ich weiß es nicht— unzählige! Doch immer dann, wenn ich an die guten Momente denke, an die schönen Zeiten meines Bullerbüs, dann wird mein Herz ganz weit. Ich fühle diese innere Wärme der Glückseligkeit, der Vollendung von tiefster, friedlicher Freude. Mit meinen Pferden durch den stillen Wald spazieren, ihr Hufgeklapper, das fröhliche Schnauben und das Vogelgezwitscher im Sommer und das Knirschen des Schnees im Winter in meinen Ohren — das ist Nahrung für meine Seele.

Annabell

Es ist ungefähr schon acht Wochen her, seit ich das letzte Mal mit ihnen spazieren ging. Im Januar löste das Eis den Schnee ab. Das bedeutet, sämtliche Flächen und Wege vereisten, machten Spaziergänge ohne Spikes unmöglich. Für solche Fälle habe ich Hufschuhe mit Schrauben in den Sohlen gekauft. Doch um Schuhe tragen zu können, müssen die Pferdehufe dementsprechend gekürzt sein, sonst passt es nicht. Der nächste Hufschmiedtermin ließ auf sich warten, somit hatten wir eine Zwangspause. Ich konnte nicht mit ihnen spazieren gehen, es war schlichtweg zu gefährlich.

Im Februar tat ich etwas sehr Ungewöhnliches: ich reiste das erste Mal ohne meine Tochter. Und: ich reiste während der Winterzeit. Ursprünglich hätte ich den Hof und vor allem die Pferde im Winter nicht unbeobachtet gelassen, zu hoch war das Risiko für verschiedene Zwischenfälle. So richtig unbeobachtet ließ ich sie ja auch nicht — Christian blieb mit Violetta daheim und kümmerte sich. Das klappte, ich vertraute. Der Hufschmied kam in demselben Zeitraum, auch ihm vertraute ich meine Pferde an.

Die Reise nach Deutschland war ein großes Anliegen für mich: Meine Mutter nach fünf Monaten wiederzusehen und sie mit unserem Besuch zu überraschen. Es war mir eine Herzensangelegenheit, den 70.Geburtstag meiner Tante mit meiner Mutter gemeinsam zu feiern. Also buchte ich bereits im November diese Reise und die Überraschung war mehr als gelungen. Es war eine wundervolle Zeit mit vielen lieben Menschen und ich bereue diesen Besuch keineswegs. Umso tragischer empfand ich es, nach Hause zu kommen und festzustellen, dass mein Pferd ein dickes Sprunggelenk hatte. Von dem einen Moment, der energetisch positiven Reise, zu jenem, der mich in große Sorge stürzen ließ, verschwammen alle klaren Gedanken und Pläne für die kommenden Tage. Mein Fokus galt ihr, Annabell. Erst behandelte ich das Problem, als etwas „was von allein kommt, geht auch wieder von allein." Innerlich ahnte ich aber, dass es länger dauern würde. Ich konnte nur einen einzigen Tierarzt auftun, der ein mobiles Röntgengerät bei sich hatte und somit passende Hausbesuche anbot. Leider war der frühestmögliche Termin 18 Tage später. Wir warteten also. Anfangs mit Schmerz- und Entzündungshemmer oral und Tonerde zum Kühlen lokal am Gelenk. Meine Befürchtung war, dass Annabell auf glatten Bereichen der Wiese gestürzt war und vielleicht der Knochen verletzt ist. Deshalb wollte ich unbedingt eine Röntgenkontrolle. Als die Tierärztin endlich vor Ort war, zeigte die Untersuchung keine Brüche. Das war schon mal gut. Leider war eine knöcherne Veränderung am Gelenk zu erkennen, welche auf die Erkrankung Spat hinwies, aber in diesem Fall nur ein Zufallsbefund darstellte. Es musste mit dem Ultraschallgerät genauer geschaut werden, denn die Ursache für die Schwellung des Sprunggelenks war nicht geklärt. Im Ultraschall war jede Menge Flüssigkeit sichtbar, die dort nicht hingehörte. Die Tierärztin war vorsichtig mit ihren Aussagen, sie vermutete dort Blut, Fibrin oder ähnliches. In jedem Fall galt es, diese Schwellung zu mildern, denn auch die Sehne war deutlich warm und litt darunter. Mein Bauchgefühl sorgte sich um die Gelenkkapsel, die man so aber nicht einschätzen konnte. Die beste Möglichkeit wäre ein operativer Eingriff, laut Tierärztin, um es genauer beurteilen zu können. Für mich war das ein großes Problem. Ich wollte sie auf keinen Fall operieren lassen, zu hoch war das Risiko eines anschließenden nicht funktionierenden Heilungsprozesses und auch die allgemeinen Chancen einer Genesung waren dadurch nicht sonderlich höher, so zumindest die Einschätzung der Tierärztin. Außerdem, wenn auch nicht die primäre

Schwierigkeit, hatte ich weder ein Zugfahrzeug noch einen Anhänger, beides müsste geliehen werden. Malina könnte auch nicht allein daheimbleiben, was bedeutete, dass ich sie mitnehmen müsste und für sie ein Risiko von Stresskolik oder Verletzungen beim Transport hervorrufen könnte. Alles in allem war mir die Option Klinik ein Dorn im Auge. Mein Bauchgefühl sagte „Nein" zur Operation. Es blieb also nur eine konservative Behandlung. Annabell bekam Schmerz- und Entzündungshemmer verordnet, das Übliche eben. Außerdem sollte ich ihr Bein mit einer entzündungshemmenden Salbe behandeln und sie in wilden Bewegungen einschränken. Wir ließen sie weiterhin auf dem Paddock laufen, denn ein Einsperren im Stall hätte sie nur aufgebracht. Die meiste Zeit trennte ich sie von ihrer Mutter, so machten sie am wenigsten Blödsinn. Zu zweit bockten sie definitiv eher und mehr herum. Nach 12 Tagen setzte ich das Mittel wieder ab, da die Anordnung eine Gabe von 10-14 Tage beinhaltete. Es ging ihr schlagartig schlechter. Das Bein wurde dicker und die Schmerzen stärker. Sie ließ wortwörtlich die Ohren hängen. Ich kontaktierte die Tierärztin und sie versprach eher zu kommen. Die Medikamentengabe nahm ich wieder auf, den Zustand konnte ich nicht mit ansehen. Allerdings schwand meine Hoffnung auf Besserung enorm. Jedes Mal, wenn ich mit der Ärztin sprach, sagte sie mir, dass es nur wenig Chancen gäbe. Wenn Annabell nicht in 2-3 Monaten wieder fit sei, müssten wir sie „wegnehmen". Ich nutze an dieser Stelle beabsichtigt die „Wort-zu-Wort"-Übersetzung, da ich das am zutreffendsten empfinde. Wir würden sie ja nicht einschläfern und töten klingt gleich so brutal. Unsere erste Wahl wäre das Bolzenschussgerät, aber der Begriff schlachten hört sich auch so hart an. Da ist sie wieder: die Härte meines Bullerbüs. Im Schwedischen spricht man von „ta bort" oder mit den Worten der Tierärztin: „Så får vi fundera att ev ta bort henne", was so viel heißt wie: „Dann müssten wir erwägen, sie eventuell zu entfernen." Leute, das ist schlicht und ergreifend zu krass für mich. Dieses Pferd begleitet mich seit fast 14 Jahren. Sie ist so gesehen „meine längste Beziehung". Ich liebe dieses Tier. Aus tiefstem Herzen. Mir ist rational klar, dass sie irgendwann sterben muss. Doch jetzt schon? Wegen so etwas? Das ist so unfair! Wie dem auch sei, neben stundenlangen Rotz- und Wasserheulmomenten, versteckt nachts im Stall oder tagsüber unter der Bettdecke, blieb nur abzuwarten und auf eine Wunderheilung zu hoffen. Denn so richtig wussten wir ja gar nicht, was Annabell denn nun hatte. Keine sachgerechte Diagnose, nichts Handfestes in der Hand. Ich googelte mich wahnsinnig, konnte bald einen Doktor in Pferdeorthopädie absolvieren, so sehr beschäftigte ich mich mit der Thematik.

Hopp oder Top

Von dem nächsten Tierarztbesuch erhoffte ich mir eine Kortison Injektion ins Gelenk, die letzte Karte für eine kurnative Behandlung. Die Tierärztin ließ sich tatsächlich auf meinen Wunsch ein, wenngleich sie mich mit den schlimmsten Risiken und Nebenwirkungen aufklärte, die ich ja bereits wusste, Dr. Google sei Dank. Wir entschieden uns für eine Kombi - Therapie: Kortison und Antibiotikum. Zunächst punktierte sie das Gelenk und es trat reichlich gelbliche Flüssigkeit aus. Oh ohh, nicht gut. Jetzt hieß es „Hopp oder Top". Durch das Punktieren können Keime ins Gelenk treten, die zu einer massiven Infektion führen können und das Ende ihres Lebens bedeuten würde. Kortison ist als Gelenkknorpel-Gegner bekannt, also gleich zwei hohe Risiken. Aber es blieb keine andere Wahl.

Wir hatten wieder mal richtig Glück: Annabell reagierte nicht mit einer Infektion, so war es vorerst kein Fehler. Dennoch wurde das Gelenk nur unwesentlich dünner, wenn es nicht sogar gleichbleibend dick war. Die orale Medikamentengabe von Schmerz- und Entzündungshemmern sollte ich fortsetzen. An kalten und windigen Tagen sah man ihr die Schmerzen kaum an, so wild schoss sie über den Paddock. Doch wenn sie sich zum Wälzen legte und dann wieder aufstehen musste, sah man deutlich wie schlimm es sein musste.

Nachts im Stall

Auf die Gefahr hin, dass ich mich bezüglich meiner Emotionen wiederhole, möchte ich dennoch diese Momente „Nachts im Stall" erwähnen. Jene, die mein Seelenheil fördern oder auch in schweren Zeiten wie diesen, es mildern und beschweren zur selben Zeit.

Schon als Kind waren Pferde meine Zuflucht. Nicht selten versteckte ich mich im Stall und vergrub mein Gesicht im Ponyfell. Dann, wenn der Herzschmerz besonders groß war. Es waren stressige Situationen zu Hause, Streit mit den Eltern, Freunden oder später Liebeskummer und Lebenskrisen. Chri kannte es schon von mir: Wenn er mich suchte, würde er mich in jedem Fall im Stall vorfinden.
Malina kann von diesen Tränen ein Lied singen. Sie war es, die mir stets ihren warmen Atem ins Gesicht blies und mit mir gemeinsam für einen Moment innehielt. Heilungsströme aus ihrem Herzen strömten durch meinen Körper, die Schwere ließ nach. Später war es Annabell, die diese Aufgabe übernahm. Sie war zwar weniger innehaltend und sensibel für die einzelnen Nuancen meiner Gefühle wie ihre Mutter, doch stand sie dort wie ein Fels und ließ durch ihre Aura meine Lebensfreude wieder wachsen.

Malina verstand, Annabell gab Kraft. Jede auf ihre Art.

Diese eine spezielle Nacht im Stall galt meiner Verzweiflung um die Gesundheit Annabells. Gedanken, das Leben ohne sie führen zu müssen zerrissen mir förmlich mein Herz. Es war schlichtweg undenkbar! Ich konnte es mir nicht vorstellen und ich wollte es auch nicht.

Doch kenne ich mich: Unvorbereitet in lebensverändernde Situationen geschmissen zu werden, können existenzielle Krisen in mir auslösen. Es kann wirklich für meine mentale Gesundheit gefährlich werden. Aber ich musste mich mit dem Gedanken des Todes auseinandersetzen. So sehr es auch schmerzte, ich ging alle Details durch: das Wie, das Wo, das Handeln bei Komplikationen, die Schritte danach.

Es ist und bleibt etwas anderes, wenn geliebte Tiere von uns zu gehen drohen, im Vergleich zum Menschen. In den meisten Fällen bestimme ich als Tierhalter, wann das Tier von der Welt gehen muss. Es ist eine „ich-spiele-Gott-Entscheidung", die kein Spiel ist.

Es war dunkel, kurz vor Mitternacht und ich setzte mich zu den Pferden in den Stall. Tränen rollten, mein Herz war so schwer wie ein Stein. Diesmal war es anders als sonst: es waren keine menschlichen Umstände, die mich mit Kummer in den Stall trieben, sondern die Sorge, um meine Stallbewohner. Es fühlte sich so an, als könnten sie mich diesmal nicht aus der Tiefe der Trauer holen. Ich blieb noch eine Weile. Mein Herz beruhigte sich allmählich. Doch der Schmerz saß zu tief, es war keine Lösung in Sicht. Es werden mir in jedem Fall die Erinnerungen an diese Momente „Nachts im Stall" bleiben.

15.04.2024

Der gestrige Tag war anders. Annabells Bein war zum ersten Mal im Vergleich zu den letzten Wochen etwas dicker als sowieso schon. Sie wirkte lurig, fraß aber normal. Beim Temperaturmessen war ihre Körpertemperatur zum allerersten Mal über 38,0 Grad. Bei Pferden ist das aber noch kein Fieber. Ich entschied aufgrund des regnerischen Wetters eine Decke aufzulegen, für den Fall, dass sich Fieber entwickeln würde. Da wir vor wenigen Tagen die Schmerz- und Entzündungshemmer absetzen mussten, aufgrund von Risiken und Nebenwirkungen bei der Langzeitgabe, konnte es vielleicht auch daran liegen? Ich war mir unsicher.

Am nächsten Morgen war die Körpertemperatur wieder auf 37,6 Grad gesunken. Das Bein wirkte noch dicker, ihr Blick aber wach und ihr Gemüt anhänglich. Es war zum Mäuse melken. Ich weiß nicht, was ich fühlen, geschweige denn tun sollte. Aus lauter Verzweiflung bat ich sogar Pferdekliniken um Rat, welche ich bislang komplett gemieden hatte. Doch natürlich konnten diese ohne eine Untersuchung keine adäquate Aussage treffen. Auch kontaktierte ich unsere Tierärztin erneut, die ja bereits Annabell behandelt hatte. Leider zeigte sie keine Hoffnung. Unseren Wunsch, erneut Liquid aus dem Gelenk ablaufen zu lassen, dieses einzuschicken, um herauszufinden welche genauen Keime sich im Gelenk befanden um ggf. ein anderes Antibiotikum zu injizieren, hielt sie für sinnlos.

Die Sonne strahlte am Himmel, es wehte ein sanft frischer Wind. Annabell und Malina grasten die Reste des Winterfutters von der

Wiese und schnaubten erfreut. So ein schönes Bullerbü - Bild vor meinen Augen...

Mein Herz war schwer, meine Gedanken verzweifelt. Was sollte ich nur tun? Doch Aufladen und in die Klinik fahren? Es ist ohnehin schon schwer genug, eine Entscheidung über Leben oder Tod treffen zu müssen. Doch bei meiner geliebten Freundin, die noch recht munter aussah, fühlte es sich an wie ein Verbrechen. Es kam mir vor, dass ich ihren Schmerz im Gesicht noch wegkuscheln könnte, solange ich ihr Bein ausblendete.

Wir machten einen Termin mit der Ärztin. Sie kam wenige Tage später. Das Bein war inzwischen wieder etwas dünner. Ich spreche hier von Nuancen, keine weltbewegenden Veränderungen. Ich maß ihren Gelenkumfang und er variierte oft wenige Millimeter. Nichts Ausschlaggebendes.
Die Beugeprobe[32] war schlimm, der Allgemeinzustand des Pferdes dagegen ganz in Ordnung. Wir entschlossen uns zu einem letzten Mal „Hopp oder Top": Erneut ins Gelenk spritzen, Liquid entnehmen und diesmal auch einsenden. Die Tierärztin verabreichte ihr erneut einen Cocktail mit Kortison und Antibiose. Auf unseren Wunsch fügte sie Hyaluronsäure hinzu. Annabell vertrug die Sedierung[33] zur

---

[32] Die „Beugeprobe" ist eine diagnostische Untersuchungsmethode in der Tiermedizin, speziell bei Pferden. Dabei werden die Gliedmaßen des Pferdes gebeugt und kurz in dieser Position gehalten. Diese Technik ermöglicht es Tierärzten, mögliche Anzeichen von Lahmheit oder Unbehagen zu identifizieren, indem sie auf ungewöhnliche Reaktionen des Pferdes achten, wie z.B. Versteifung, Zucken oder Rückzug der betroffenen Gliedmaße.

[33] Sedierung bezieht sich auf die Verabreichung von Medikamenten, um Pferde vorübergehend zu beruhigen oder zu entspannen. Diese Praxis wird oft verwendet, um Pferde während medizinischer oder chirurgischer Eingriffe ruhig zu halten, um die Sicherheit des Tieres und des Behandlungspersonals zu gewährleisten.

Behandlung wie immer gut und war anschließend recht fröhlich und munter. Auch hoffte ich, dass das Zusatzfutter, welches ich für viel Geld aus Deutschland geordert hatte, seine Wirkung zeigen würde. Es handelt sich dabei um die besonderen Kräfte der Grünlippmuschel und des leider viel zu wenig bekannten Mittels MSM. Da ich selbst, trotz Interesse an alternativen Heilmethoden, viel zu wenig über diese Dinge wusste, möchte ich die Gelegenheit nutzen und die Mittel kurz erklären:

MSM, auch bekannt als Methylsulfonylmethan, ist eine organische Schwefelverbindung, die natürlicherweise in Pflanzen, Tieren und Menschen vorkommt. Es wird als Nahrungsergänzungsmittel verwendet, um verschiedene gesundheitliche Probleme zu behandeln, darunter Entzündungen, Gelenkschmerzen, Allergien und Hauterkrankungen. Von MSM wird angenommen, dass es entzündungshemmende und schmerzlindernde Eigenschaften hat, indem es die Bildung von entzündungsfördernden Substanzen im Körper reduziert und die Durchlässigkeit von Zellmembranen erhöht.

Grünlippmuschel, auch als Perna canaliculus bekannt, ist eine Muschelart, die in Neuseeland beheimatet ist. Sie wird häufig zur Behandlung von Gelenkproblemen bei Menschen und Tieren eingesetzt. Grünlippmuschel enthält eine Vielzahl von Nährstoffen, darunter Glykosaminoglykane (GAGs), Omega-3-Fettsäuren, Antioxidantien und Mineralien, die zur Gesundheit der Gelenke beitragen können. Insbesondere die GAGs in Grünlippmuscheln haben entzündungshemmende und knorpelschützende
Eigenschaften, die zur Linderung von Gelenkentzündungen und zur Verbesserung der Gelenkfunktion beitragen können.

Bei Pferden werden MSM und Grünlippmuschel zur Unterstützung der Gelenkgesundheit eingesetzt, insbesondere bei Pferden mit Arthrose oder anderen Gelenkproblemen.

Diese Nahrungsergänzungsmittel können helfen, Entzündungen zu reduzieren, Schmerzen zu lindern und die Beweglichkeit der Gelenke zu verbessern, welches insgesamt zu einem gesteigerten Wohlbefinden und einer besseren Leistungsfähigkeit des Pferdes führen kann.

Nun geht es bei Annabell definitiv nicht um eine Steigerung der Leistungsfähigkeit, sondern ausschließlich um das Ziel, dass sie schmerzfrei laufen kann. Eine Therapie über Futtermittel bringt eine gewisse Wartezeit mit sich, welche in diesem Fall mindestens drei, eher vier Wochen andauern kann, bis es zu einer erhofften deutlich sichtbaren Verbesserung kommt.

Dieses „Spiel" mit der Zeit war eine ganz unangenehme Sache. Nicht zu wissen, wie lange sie noch laufen konnte, ob sie überhaupt wieder schmerzfrei sein würde und wenn ja, wann sie diesen Punkt der Leichtigkeit wieder erreicht habe... Das alles konnte niemand versichern.

Apropos versichern: ich hatte glücklicherweise Ende letzten Jahres eine Krankenversicherung für sie abgeschlossen, sodass ich nicht auf allen Tierarztrechnungen komplett sitzen blieb. Die 25-prozentige Selbstbeteiligung war kostspielig genug. Ich mag gar nicht über Geld reden oder geschweige denn darüber nachdenken, wenn es um die Gesundheit meiner Liebsten geht. Aber meine Mittel sind begrenzt und es ist Fakt, dass ich das nicht ganz außer Acht lassen kann. Soweit es uns möglich war, wollten wir ihr helfen. Und irgendwann würde eben das Limit erreicht werden.

Da ich aber nach wie vor keine Operation für sie wollte und

inzwischen auch die Tierärzte eher wenig Chancen bei einer Operation vermuteten, sollten sich die künftigen Kosten im Rahmen halten, hatten wir doch alle Möglichkeiten bereits ausgeschöpft. Es musste einfach ein Wunder geschehen.

Spoiler: Das Buch ging noch vor großer Veränderung bezüglich Annabell in den Druck. Es war mir leider nicht möglich, dieses Kapitel gebührend zu beenden.

Ein wenig kommt es mir vor, als würde es eine Geschichte mit zwei möglichen Endungen geben. Wie bei einem Kinderbuch, in dem man sich zwischen zwei Klappen entscheiden und somit das Ende selbst bestimmen kann. Ach, wie schön es wäre, wenn ich das für Annabells Gesundheit tun könnte. Einfach das Happy End wählen. Frei nach dem Motto: Ende gut, alles gut. Das wäre nicht nur für mein Herz eine wundervolle Geschichte, sondern auch für den gesamten Rahmen des Bullerbü - Lebens.

Aber ihr merkt selbst: Bullerbü ist nicht gleich Bullerbü.

Es vermag sicher dieses Flair zu spüren sein und es ist auch genau das, was uns am Hofleben mitten in Schweden verzaubert. Es ist eine Einstellung. Bullerbü kann im Herzen sein, im Herzen aller. Wenn ich daran festhalte, dann fühlt sich die Härte des Bullerbüs gar nicht mehr so hart an.

Tine

Wir haben da so eine ganz besondere Henne. Sie mag gern Mama sein. Wir bekamen sie letzten Sommer durch einen Zufall von einer anderen deutschen Familie als Leihmutter für unsere sieben frisch geschlüpften Küken aus dem Inkubator geschenkt. Die Henne saß schon über drei Wochen auf ihren Eiern, aber nichts geschah. Wir nahmen das Risiko in Kauf, dass sie durch den Umzug mit dem Brüten aufhöre[34], um den lebenden Küken die Chance einer natürlichen Aufzucht zu ermöglichen. Der Erfolg war riesig! Bei einer Nacht und Nebelaktion schoben wir ihr die Kleinen unter die Federn und am nächsten Morgen nahmen wir ihr die eigenen Eier weg, sodass sie sich um die Küken kümmern konnte. Aus ihren eigenen Eiern ist leider nichts geworden, sie waren alle faul und nur eins zeigte Spuren von einer möglichen Befruchtung. Es war also eine goldrichtige Entscheidung. Kinder aufwachsen zu sehen, egal ob Menschen- oder Tierkinder, ist jedes Mal pure Faszination. Wir liebten den Anblick, wie sie den Kleinen das Scharren und die Futtersuche lehrte, auf sie achtete und sie beschützte. Im Winter, als die Küken bereits zu großen Hühnern herangewachsen waren, begann unsere Henne erneut mit dem Sammeln von Eiern. Es war aber noch zu kalt, so nahmen wir ihr die Eier immer wieder weg. Im Februar konnte mein Herz nicht mehr anders: Tine, die Henne, sammelte und brütete. Auch die anderen Hennen legten neben ihr die Eier und sie schob sich die frischen immer wieder unter. Ich dachte mir: Ok, die Natur möchte es so. Dann lassen wir sie. Ich ordnete allen in der Familie an, die Eier unter Tine nicht mehr zu klauen,

---

[34] Eine Veränderung der Brutstätte kann zur Unterbrechung des Brütens und somit zum Sterben der Eier führen. Es ist immer Stress für die Henne und somit ein Risiko.

sondern sie in Ruhe zu lassen. Ungefähr nach zwei Wochen, sie blieb tapfer sitzen, war es Zeit für eine Umsiedlung. Die Aufzucht von Küken in einem Stall mit erwachsenen Hühnern ist schwer und kann zu Verlusten führen. Wir nahmen also den Brutkarton samt Henne und Eiern vorsichtig aus dem Stall und versetzten diesen in die Scheune. Dort hatten wir einen Notfallstall für kranke, neue oder eben brütende und aufwachsende Tiere. Es dauerte nicht lang und wir hörten das erste Piepen beim morgendlichen Füttern. Tine saß weiter auf den Eiern und wir sahen keine Kleinen, doch ich vertraute. Die Natur wird es schon richten. Nach zwei weiteren Tagen stand die Henne das erste Mal auf und verließ die Eier. Es lagen noch neun Eier im Karton. Vorsichtig begutachtete ich sie. Eins, halb eröffnet, hatte es offensichtlich nicht geschafft. Man sah die Schnabelspitze mit dem kleinen Haken am Schnabel aus dem Ei luken, doch es war kalt und bewegte sich nicht. Nach Rücksprache mit meiner Freundin, die weitaus mehr Erfahrung mit dem Farmleben hatte, nahm ich alle Eier mit ins Haus und legte sie in Körpertemperatur - warmes Wasser. Sie sagte mir, dass es irgendwie gruselig ist, aber manchmal können Totgedachte wieder zum Leben erweckt werden. Die Chance wollte ich nicht unversucht lassen. Nach ungefähr fünf Minuten öffnete ich zaghaft jedes Ei… vier Küken waren gestorben, vier weitere kaum entwickelt und ein Ei war, wie es schien, gar nicht befruchtet. Die toten Küken und Eier in den Händen zu halten, berührte mein Herz. Nicht, dass ich stark trauerte, doch es war eine weitere Erfahrung mit dem Tod, so nah am Leben.

Ein paar Tage später hatte ein kleines Küken eine sichtbar verstopfte Kloake. Für das Kleine ging es ab ins Waschbecken — ein warmes Popo - Bad half die Verklebung zu lösen. Tine war ganz außer sich, als ich mit ihrem Kleinen wieder kam. Ich konnte es ihr nicht verübeln. Doch diese Maßnahme war für das Küken lebensrettend.

So hatten wir aus der Brut mit zwölf Eiern einen Erfolg von drei neuen Hühnern. Es erscheint mir wenig, doch weiß ich auch hier, dass es so vorkommen kann. Wir hatten noch Winterzeit, es hatte nachts gefroren, die Henne brütete bei -15 Grad. Was kann man da erwarten? Würde ich es wieder so entscheiden?

Die Natur, sie sorgt für sich. Man kann sagen, dass die Henne ihren natürlichen Instinkten gefolgt ist, wobei wir im Hühnerstall künstliches Licht in den dunklen Zeiten angeschaltet haben, sodass wir in ihren Biorhythmus eingreifen. Wäre das Licht aus gewesen, hätten die Hühner vermutlich längere Zeit keine Eier gelegt und somit auch nicht gebrütet. Über all diese Dinge habe ich mir früher nie Gedanken gemacht. Auf meinem Weg mit der Natur zu leben und nicht gegen sie, begegne ich immer wieder sonderbaren Situationen, die mich nachdenklich stimmen. Auch die Tatsache, dass ich deutlich weniger Fleisch und Eier esse, seit wir selbst Hühner halten, ist eine Folge meines achtsamen Wesens, welches mit jedem Schritt in Richtung Naturverbundenheit die „bisherige Normalität" infrage stellt.

Im Juni 2024 kostete die Freiheit Tines Leben. Sie spazierte viel zu oft außerhalb des Zauns durch den Wald und kam eines Abends nicht mehr zurück. Wir fanden ihre Federn und bekamen Gewissheit. Grüß' uns die anderen, Tine! Danke, für deine so fruchtbare Zeit bei uns. Du warst ein ganz besonderes Huhn. Adieu.

Mauzi

11.03.2024

Sie miaute. Nichts Ungewöhnliches, denn sie ist eine „Chatty - Cat". Ich saß am Laptop und sie setzte sich unruhig neben mich. Mein erster Gedanke war, dass sie vermutlich raus wollte. Also stand ich auf und öffnete ihr die Haustür. Nein, das war offensichtlich nicht ihr Begehren. Denn sie blieb im Flur und mauzte weiter. Auf meine Frage, was denn los sei, sprang sie die Treppe hinauf und hüpfte direkt in einen im oberen Flur stehenden Karton. Sie schien ein geschütztes Plätzchen zu suchen. Allmählich dämmerte es mir. Es handelte sich nicht um das klassische Bedürfnis sich zu Entleeren, nein. Unsere Katze verlor tröpfchenweise Blut. Ihre Unruhe und das unentwegte Miauen weckten meine geburtshilflichen Alarmglocken. Schnell nahm ich den Karton und die Katze, brachte sie nach unten und alarmierte den Hausherrn: „Mauzi hat Wehen! Mauzi bekommt jetzt die Kleinen. Viel zu früh! Mauzi hat eine Fehlgeburt." Während sie im Karton ihre Wehen „verschnurrte", genoss sie sichtlich unsere Anwesenheit. Sie ließ sich sanft streicheln, selbst unser Hund, einer ihrer treuen Untergebenen, kam und legte seinen Kopf auf den halbgeöffneten Karton. Mauzi gebar ein totes Kätzchen, die Plazenta und die dazugehörige Eihülle. Sie fraß a l l e s sofort auf und leckte sich immer wieder sauber. Es kam noch viel Fruchtwasser. Zumindest erschien es mir viel für so ein kleines Kätzchen, aber vermutlich war es ganz normal. Wir wussten bis zu diesem Abend nicht sicher, ob sie trächtig war. Wir hatten nur so eine Ahnung. Katzen haben eine Trächtigkeitsdauer von ungefähr 65 Tagen. Es musste Halbzeit gewesen sein, denn zum Zeitpunkt der möglichen Befruchtung war sie bei ihrer alten Familie im Urlaub und dort treibt sich der Kindsvater ihrer vorherigen Kätzchen herum. Jener, der wohl auch ihr eigener Vater war. Sie musste also ungefähr 30 Tage trächtig gewesen sein. In diesem Zeitraum zählt solch ein Szenario bei Katzen noch als Fehl- und nicht als Totgeburt. Ich wurde traurig. Wusstest Du, dass es bei etwa 10 - 20% aller schwangeren Frauen zu einer Fehlgeburt kommt?

So kann es auch bei Katzen vorkommen. Ich habe mir natürlich Gedanken gemacht, warum es bei Mauzi zu dieser Fehlgeburt kam. Einer der Gründe kann ein hormonelles Ungleichgewicht der Katze sein, welches zum Tod des Fötus führen kann. Der Tod des Fötus kann auch mit genetischen Störungen des Fötus selbst zusammenhängen, die zum Abbruch der Schwangerschaft führen. Dadurch, dass der Kater wohl auch ihr eigener Vater war, tippte ich auf letzteres.

Aber Fehlgeburt hin oder her. Geburt ist immer besonders. Es lag diese besondere Atmosphäre in der Luft. Der Geruch des Fruchtwassers und des frischen Blutes. Meine Sinne waren geweckt. Meine Katze schien weniger emotional, dennoch empfand ich es als sehr besonders, dass sie uns als ihre Begleitungen auserwählte. Sie hätte sich genauso gut ein Plätzchen im Geheimen suchen können. Wir wechselten die Handtücher, sodass sie im Trockenen saß. Sie hatte noch einige Zeit Wehen. Meine Sorge galt einer unvollständigen Fehlgeburt, doch Christian erinnerte mich daran, zu vertrauen. Der Natur zu vertrauen. Auch fragte er mich, was ich denn vorhätte, wenn es Probleme geben sollte. Gute Frage!

Es ist ein Teil der Härte meines Bullerbüs, dass wir nicht mit jedem Tier zum Tierarzt fahren. Es ist das Leben, welches Entscheidungen von uns fordert. Ich entschloss mich, zu vertrauen, einen kühlen Kopf zu bewahren und meiner Katze positive Energie zu geben. Ich betete für sie. Ja, solche Situationen führen häufiger zu einer Verbundenheit mit der höheren Gewalt, wer kennt es nicht?! Bei mir ist es so. Dann, wenn Leben und Tod ganz nah beieinander sind, kann keiner mehr leugnen, dass es mehr gibt, als was wir sehen. Ich habe ihn gesehen, den Tod. Ich sehe es, das Leben. Es ist da, bei uns, alle Zeit.

Mildred

01.12.2023 — 28.03.2024

Sie hatte es von Anbeginn schwer. Manchmal plagten mich Gedanken, sie hätte es wohl besser in ihrem alten Zuhause gehabt und wir hätten sie zurückgeben sollen. Ist es Teil eines Hühnerlebens, sich durch das Leben kämpfen zu müssen? Es ist Teil unseres Lebens, sich öfter mal durchzubeißen, so fühlt es sich jedenfalls für mich an. Naja, und Geschenke gibt man nicht zurück, oder?

Aber von Anfang:
Unsere Freunde von Kvarnfall fuhren in den Urlaub und ich hatte die ehrenwerte Aufgabe angenommen, mich um das Federvieh zu kümmern. Es war keine komplizierte Arbeit, kostete lediglich etwas Zeit. Am schwersten fühlte sich die Verantwortung an, dass bloß alle überleben sollen. Dieses Ziel hatte ich mir selbst auferlegt. Verantwortung übernehmen kann ich. Doch, wie viel Einfluss habe ich als Fütterungsdienst auf das Überleben von Geflügel? Äußere Umstände wie Fuchs oder Habicht konnte man eh nicht beeinflussen. Gott sein Dank hatte ich Glück: alle Hühner & Enten waren am Leben, als die Hofherren zurückkehrten. Für mich war das „Birdkeeping" eine Selbstverständlichkeit und bedurfte keiner Belohnung. Doch typisch für meine Freundin bedankte sie sich in einem ganz besonderen Stil: Sie schickte ihren Mann auf einen Kaffee vorbei und… Mildred zog ein. Ein kleines, weißes Huhn, neugierig, aber vorsichtig ließ Streicheleinheiten über sich ergehen und wusste nicht recht, was sie jetzt von dem neuen Heim halten sollte. Sie war eines von Maris neuesten Nachkömmlingen: eine kleinere aber feine Hühnerrasse, die für ihr fleißiges Eierlegen

bekannt war. Noch war Mildred nicht im Legebusiness, aber im Frühjahr sollte es so weit sein.

Erst einmal gestaltete es sich schwierig, sie in der Hühnerschar zu integrieren. Wenn ein neues Huhn in eine bestehende Gruppe integriert werden soll, kann das Verhalten der anderen Hühner variieren. Oft kommt es zu Rangkämpfen und territorialen Auseinandersetzungen während die etablierte Hierarchie neu ausgehandelt wird. Die bereits vorhandenen Hühner können das neue Mitglied zunächst ignorieren, anpicken oder sogar angreifen, um ihre Position innerhalb der Gruppe zu behaupten. Es kann jedoch auch vorkommen, dass die Hühner das neue Mitglied akzeptieren und sich schnell aneinander gewöhnen.

Letzteres traf bei Mildred nicht ein. Sie wurde stark angefeindet und musste grundsätzlich flüchten. Sie war zwar die Kleinste, aber dafür die Schnellste. Ihre flinken Ausweichmanöver verhalfen ihr zum Überleben. Doch als ich bemerkte, dass sie die meiste Zeit mit eingezogenem Kopf in der Ecke saß, um diesen vor den Pickereien der anderen zu schützen, entschloss ich mich, sie aus der Gruppe zu nehmen. Wir hatten noch einen Notfallstall in der Scheune und dort wollte ich sie zunächst mit einer anderen Henne sozialisieren. Matilda, die letzte Überlebende unserer allerersten eigenen Hühnerschar, ist eine schwarze, mittelgroße Dame, die schon einiges an Lebenserfahrung auf dem Buckel hatte. Sie bewegte sich in der Rangordnung im stabilen Mittelfeld und mochte den Neuzugang ebenso wenig wie die anderen, doch war sie weniger aggressiv. Es schien mir, als wäre sie sogar etwas beleidigt, dass ich sie nun aus dem Stall in Zwanghaft mit der neuen Henne setzte. Doch mein Plan ging auf: Mildred und Matilda gewöhnten sich aneinander und wurden zu Freundinnen. Nun ja, ich weiß nicht, ob sie wirklich Freundinnen wurden. Aber eine Zweckgemeinschaft war es allemal.

Es herrschte ein friedvolles Miteinander, Zeit für einen neuen Versuch der Eingliederung in die große Schar.

Tja, was soll ich sagen: Die Natur ist wie sie ist. Die Hühner pickten erneut auf Mildred ein, der Hahn hatte nichts anderes im Kopf als „Begattung". Auch das musste ich unter der Wahrheit „die Natur ist grausam" verbuchen. Hähne wollen sich paaren, mehrmals am Tage und besonders früh am Morgen nach dem Aufstehen. Sie tun es schnell, rabiat und es ist ihnen fast egal welche Dame. Manche Hähne haben Lieblingshennen, das sieht man dann am fehlenden Rückengefieder. Unser Bursche war einer von der Sorte, der dafür sorgte, dass alle Damen täglich mehrfach befruchtet wurden. Und ich möchte mich jetzt auch gar nicht beschweren, denn schließlich verdanken wir ihm den Nachwuchs unter Tines Gefieder. Doch stellen sich mir jedes Mal die Nackenhaare auf, wenn ich sehe wie er über die Mädels herfällt und sie offensichtlich keine Lust darauf haben. Auf der anderen Seite ist er ein krasser Gentleman: Er lässt sie immer zuerst das Futter picken, zeigt es ihnen sogar und warnt vor Gefahren.

Zurück zu Mildred: Mit Matilda an ihrer Seite war sie weniger einsam, gelegentlich konnte sie sich hinter ihr verstecken, doch die Flucht blieb ihr täglicher Begleiter. Wir sorgten dafür, dass sie ausreichend zu trinken und zu essen bekam, denn oft traute sie sich gar nicht raus. Sie wurde zu einem sehr zutraulichen Huhn, welches gern in Gesellschaft mit uns war. Einmal nahm ich sie sogar mit aufs Pferd. Immer, wenn man mal Lust hatte ein Huhn zu streicheln, bot sie sich regelrecht an. Dafür dauerte es mehr als drei Monate, bis sie sich auch mal in den Wald zum Scharren und Baden wagte. Ich muss dazu sagen, dass es wohl die bescheidenste Jahreszeit war, Neuzugänge zu integrieren. Aufgrund des vielen Schnees und Eis im Wald blieben die Hühner nur in einem kleinen Bereich vor ihrem

Stall. Sie konnten im Schnee schlecht sehen, geschweige denn durch einen halben Meter hohen Schnee laufen. Als dann endlich der Schnee geschmolzen war und die Hühner mehr Fläche nutzen konnten, sollte es auch für Mildred bergauf gehen. Ich war so beseelt, als ich sie oben mit Louise im Moos kuscheln sah. (Louise war neben Mildred die rangniedrigste und auch eine ältere Henne. Sie akzeptierte Mildred, nachdem sie mit Matilda resozialisiert wurde. Denn Matilda war Louises Freundin und so schloss sich der Kreis der rangniedrigen Damen.)

Dass Mildred nun endlich wagte, auch mal außerhalb des Hühnerstalls zu leben, sollte ihr noch zum Verhängnis werden…

28.03.2024

Es war einer der vielen Tage am Schreibtisch. Ich stand kurz vor dem Release meiner ersten eigenen Ratgeber - eBooks rund um die Themen Geburt und Wochenbett. Während alle außer Haus waren, konnte ich in Ruhe am Laptop den Feinschliff meiner Projekte angehen, auch wenn ständig irgendein Huhn alarmierend gackerte. Sie taten es fast immer, wenn ein Ei gelegt wurde, also keine Besonderheit. Doch das Gackern hörte sich heute komisch an. Ich stand also auf und schaute nach. Tatsächlich handelte es sich nicht um ein Ei, denn das Nest war leer. Einige Hühner hielten sich im Stall auf, zwei waren oben im Wald, Mildred und Louise, und andere standen auf der Türschwelle. Der Hahn machte sich groß als ich kam, aber er wagte nicht mich zu picken. Manchmal tat er das nämlich, zum Beispiel, wenn die Kinder kamen. Wir versuchten ihm das abzugewöhnen, dennoch empfand ich es als ein gutes Zeichen, da er auf seine Mädels Acht gab. Ich konnte jedenfalls nichts Besonderes sehen oder entdecken. Buddy ließ ich noch mehrmals durchs Gehege und drumherum wetzen, denn auf seine Nase war Verlass. Sollte ein Fuchs in der Nähe sein, er würde ihn finden. Aber nichts, es war nichts zu erkennen.

Diese Alarmschreie der Hühner traten die letzten Tage vermehrt auf. Ich war unsicher, konnte jetzt aber nicht mein Büro nach draußen verlegen. Ich ließ den Hund draußen und begab mich wieder an den Schreibtisch. Keine zehn Minuten später erklang ein schriller Schrei, eindeutig Schmerz, kein gelegtes Ei.

Ich rannte raus und konnte es kaum erkennen. Meine Augen zählen nicht zu meinen schärfsten Sinnen. Etwas Weißes lag im Gehege, dicht an den Zaun gedrängt. Dann schrie es wieder und ich sah, wie das Weiße flatterte. Und dann konnte ich es deutlich erkennen: Ein Raubvogel saß auf meinem Huhn! Ich wurde laut und wollte ihn verscheuchen, was mir gelang, denn er ließ von dem Huhn ab und flog weg. Das Huhn rettete sich unter eine Nische des Hühnerstalls. Schnell rannte ich zu ihr. Mildred blutete etwas an ihrer Ohrmuschel und sie sprang mir förmlich in die Arme. Jedenfalls fühlte es sich so an, denn ich konnte sie leicht einsammeln und auf den Arm nehmen. Ihr Herz raste, meines wohl auch. Ziemlich schnell erkannte ich, dass etwas mit ihrem Auge nicht stimmte. Sie hielt es geschlossen, ich wollte nicht versuchen es zu öffnen. Unsere Nachbarin war eine passionierte Hühnerliebhaberin. In der Vergangenheit half sie uns bei diversen anfänglichen Hühnerhaltungsfragen und nun wollte ich sie bitten, mir mit dem verletzten Huhn zu helfen. Ich rannte also mit Mildred auf dem Arm zu ihr und bat um Unterstützung. Sie war selbst gerade im Garten und hatte die Aufregung mitbekommen. Doch sie winkte schnell ab, da sie keine tierärztlichen Kenntnisse hatte und von dem Szenario selbst unter Schock stand.

Ich ging also zurück nach Hause und beruhigte mich erstmal. Mildred schien mit großem Glück den Fängen des Habichts entkommen zu sein, denn außer ein paar blutiger Stellen an den Flügeln und verlorenen Federn schien ihr Körper unversehrt. Rückblickend war es wohl Rettung in letzter Sekunde. Habichte sind sehr gute Jäger, sie töten meist direkt an Ort und Stelle. Ich bin mir sicher, dass ihre flinke Schnelligkeit ihr etwas Zeit verschaffte und mein zeitiges Kommen aus dem Haus sie vor dem Tod bewahrt hatte. Die kommenden Tage zeigten, dass ihr Auge nicht ernsthaft verletzt wurde, da sie es bald schon wieder öffnete.

In jedem Fall war es wieder einer dieser Momente meines harten Bullerbüs: Ein Tier ist verletzt und muss von selbst genesen. Kein Tierarzt, kein Wunderheiler. Dafür einige Stoßgebete gen Himmel.

E-Mail vom Gesundheitsamt

Eigentlich war ich gerade ziemlich am Boden. Die Sorgen um Annabell überschatteten den Alltag und beschwerten mein Herz. Ich war müde geworden von den täglichen Abläufen, dem immer wiederkehrendem Kontrollieren ihres Beines und dem Versorgen aller auf dem Hof, Mensch und Tier. Beruflich fühlte ich mich wie in der Schwebe. Dieser Zustand war definitiv nicht „my favourite place to be".

Angestrengt und ausgelaugt saß ich am Computer, checkte das Postfach und fand eine ungelesene E-Mail vom schwedischen Gesundheitsamt. Mein Herz klopfte. In Millisekunden überlegte ich, ob ich aufgeregt sein sollte und ob es vielleicht schlechte Neuigkeiten sein werden. Wieder irgendwas, was bei der Antragstellung zur Legitimation, also zum legitimierten Arbeiten als Hebamme, fehlte. Monatelang diskutierte ich nun schon mit den deutschen und schwedischen Behörden hin und her, schickte Dokumente, ließ sie offiziell übersetzen und beglaubigen, spendete so unfassbar viel Zeit, Geld und Energie in diese Beantragung. Was erwartete mich nun?

Ich entschloss mich, im Bruchteil weniger Sekunden, möglichst emotionslos den Anhang zu öffnen, gefasst für jede Überraschung. Und da war sie. Die Legitimation. Ganz schlicht, aber so ergreifend. Ich hatte es geschafft.

Kleine Tränen kullerten über meine Wangen. Es waren Tränen, die von der monatelangen Anspannung gelöst wurden. Es waren Tränen der Erleichterung, Tränen der Dankbarkeit.

Vor ziemlich genau 7 Jahren wurde mir mein Hebammenexamen in

Deutschland überreicht.   Und nun bekam ich die Legitimation in Schweden offiziell als Hebamme arbeiten zu dürfen. Es fühlte sich alles so surreal an.

Dieser ganze Prozess, vom Erlernen der Sprache, der Beantragung dieses Dokuments, dem Recherchieren der Voraussetzungen und nun dem Erhalt der Legitimation, hat mich insgesamt mehr als dreißig Monate gekostet. Es würde den Flair des Buches versauen, wenn ich Euch mit mehr Details dieses Spießrutenlaufes quälen würde.

Es heißt oft: Arbeiten innerhalb der EU ist gar kein Problem für EU-Staatsbürger. Dass ich nicht lache.

Leute, dieser ganze Klimbim ums Auswandern, der ist echt. Es ist ein großer Struggle. Nichts davon ist zu vergleichen mit Fernsehsendungen oder Astrid Lindgren Filmen. Es war für uns die bisher härteste Zeit des Lebens.

Es war für uns aber auch die tiefgreifendste Erfahrung, neben der Hausgeburt unserer Tochter, des Lebens und ebenso die lehrreichste und erfüllendste zugleich.

Behördlicher Kram und Bürokratie ist für mich und bestimmt auch für viele andere extrem kräftezehrend. Doch ich kann es gar nicht glauben, dass ich es sagen kann: Es hat sich gelohnt! Es ist vollbracht. Ich bin offiziell in Schweden als Hebamme anerkannt und habe die Möglichkeiten sowohl in Deutschland als auch in Schweden meine Berufung zu leben! Halleluja, war das ein Ritt! DANKE!

Interview mit Noam

Oft erreicht mich die Frage, wie denn die Auswanderung für unseren Sohn gewesen sei. Besonders hinsichtlich der Tatsache, dass sein leiblicher Vater und seine zwei Halbgeschwister in Deutschland wohnen. An dieser Stelle habe ich meinem Sohn ein paar Fragen gestellt und er hat aus dem Bauch heraus geantwortet:

Wie hast du dich gefühlt, als du erfahren hast, dass wir nach Schweden ziehen werden?

Noam:

Ich habe mich erstmal gewundert, warum ausgerechnet Schweden. Wir hätten doch auch genauso gut nach Italien ziehen können. Als ihr mir die Situation erklärt habt und auch, dass in Italien die Verhältnisse teilweise noch schlimmer waren als in Deutschland, und Schweden das einzige Land in der Nähe war, welches halbwegs normal geblieben ist, habe ich es verstanden. Auch die Entfernung zu Papa und Oma war nicht so nett. Aber gut war, dass Oma die letzte Nacht noch bei mir war, bevor wir weggefahren sind.

Was waren deine ersten Eindrücke von Schweden, als wir angekommen sind?

Noam:

Als wir auf der Autobahn waren, habe ich gemerkt wie viel Wald in Schweden ist, im Vergleich zu der deutschen Autobahn mit vielen Wiesen drumherum. Auf einer normalen Hauptstraße trafen wir kaum Autos und es war krass ruhig, da es so wenig Verkehr gab. Die Weite war cool zu sehen, aber nach ein paar Stunden wurde es ziemlich langweilig auf der Fahrt: Bäume, Wald, Bäume, Wald. Der erste

Eindruck unseres Mietshauses war gemischt. Es war eher hässlich, aber der Wald und der Fluss dahinter waren ziemlich cool. Schweden war für mich sehr viel ruhiger, schöner und die Leute waren netter.

Wie war dein erster Schultag in Schweden? Kannst du dich daran erinnern, wie du dich gefühlt hast?

Noam:
Erstmal habe ich mich überhaupt nichts getraut. Ich saß einfach nur da und alle Leute haben eine andere Sprache gesprochen, die ich überhaupt nicht verstehen konnte, außer diesen einen Satz, den wir Zuhause gelernt hatten: „Dina skor är ute![35]", welchen wir aber total falsch ausgesprochen hatten.
Ich habe einfach überhaupt nichts verstanden. Die anderen haben irgendetwas geredet und gelacht und ich habe probiert irgendetwas zu verstehen.

Welche Unterschiede hast du zwischen deiner alten Schule und deiner neuen Schule in Schweden bemerkt?

Noam:
KEINE HAUSAUFGABEN!
Die Schule kostet nix — man kann sich anmelden und zur Schule gehen. Sie sind überhaupt froh, wenn hier mal neue Leute hinkommen. Keine Kosten für Bücher, Schulmaterialien oder Mittagessen. Es wird alles von der Kommune getragen.

---

[35] vom Schwedisch ins Deutsche übersetzt: Deine Schuhe sind draußen!

Wie schwierig war es für dich, die schwedische Sprache zu lernen? Was hat dir dabei geholfen?

Noam:

Nach einem halben Jahr konnte ich mich schon mit den anderen verständigen, aber habe immer noch Englisch gesprochen. Es war einfach die Sprache zu lernen, da alle anderen Schwedisch gesprochen haben.

Nach einem Jahr in Schweden war Schwedisch bereits einfacher als Englisch für mich.

Wie war das mit der englischen Sprache für dich?

Noam:

Als ich aus Deutschland kam, konnte ich kaum Englisch. Ich habe also beide Fremdsprachen hier gelernt. Englisch habe ich von einem Nachbarsjungen, meinem Freund Nirraj, der aus Indien kam, gelernt und Schwedisch habe ich in der Schule gelernt.

Gab es spezielle Programme oder Lehrer, die dir beim Erlernen der schwedischen Sprache geholfen haben?

Noam:

Meine Klassenlehrerin hat mir viel geholfen und ich habe einen Computer von der Schule bekommen, auf dem ich übersetzen konnte. Es gab zusätzlich noch eine Webseite, über die man Schwedisch lernen konnte. Ein paar Übungen habe ich auch nach der Schule zu Hause gemacht.

Welche Herausforderungen hattest du in den ersten Monaten in der schwedischen Schule?

Noam:
Die Sprache zu verstehen war die größte Herausforderung.

Hast du Freunde gefunden? Wie haben sie dir geholfen, dich in der neuen Umgebung einzuleben?
Noam:
Mein Nachbar Nirraj hat mir in der Schule alles gezeigt und zu Beginn in der Pause Gesellschaft geleistet, bis er weggezogen ist.

Was magst du am meisten an deiner Schule in Schweden? Gibt es etwas, das dir nicht so gut gefällt?

Noam:
Am meisten gefällt es mir, dass es keine Hausaufgaben gibt und die Sommerferien so lang sind.
Die anderen Mitschüler sind nicht gerade nett, das finde ich nervig.

Wie fühlst du dich jetzt, nach drei Jahren in Schweden, in Bezug auf die Sprache und die Schule? Gibt es noch Dinge, die dir schwerfallen?

Noam:
Die Schule ist nervig wegen der anderen Mitschüler, die so viel Quatsch machen. Die Sprache kann ich inzwischen besser als Deutsch.

Nenne die drei besten Dinge an Schweden und drei, die dich am meisten stören.

Noam:

Die vielen Seen, die guten Kletterbäume, die netten Leute und das man hier richtig seine Ruhe hat.

Die Entfernung zur Familie und den Freunden in Deutschland und der Konflikt mit unseren Nachbarn. Manchmal ist es mir zu ruhig. Ich wünschte, es gäbe ein Schwimmbad oder ähnliches in der Nähe.

Endlich Frühling

„Die Genesung Ihrer Psyche stellt sich sanft und leise ein,
wenn Sie mit der Natur leben.“

Theo Fischer, Wu wei

13.04.2024 — 14:43 Uhr

Das Wetter ist fantastisch. Es sollen endlich die letzten Zeilen geschrieben und dann endlich das gesamte Buch ins Lektorat gesandt werden, doch das Wetter ist einfach zu fabelhaft. Tagelang machte der April, was er wollte und nun wollte ich seine Laune genießen und die Sonnenstrahlen in mein Gesicht scheinen lassen. Gleich kommt die Hufschmiedin, Zeit nach draußen zu gehen und die Pferde etwas aufzuhübschen. Oder halt einfach nur da zu sitzen. Chri ruft an: in 2 Minuten wird er mit neuen Baumaterialien da sein. Das Ende des Winters bedeutet auch den Anfang von neuen Projekten rund um Haus und Hof. Wir lieben es zu werkeln, zu erschaffen und zu reparieren. Dieser Ort möchte gepflegt und gesehen werden. Meine Vision ist es, die alte Scheune eines Tages in ihrem persönlichen Charme glänzen zu sehen. Und auch das Gästehaus möchte ich bis auf seine Grundmauern kennenlernen, die hässlichen Asbestplatten abnehmen und die darunterliegende Holzfassade zum Vorschein bringen. Ich kann nicht sagen, dass mein Lebenswunsch das Wohnen in einem Holzhaus war, doch seit wir in einem wohnen ist der Unterschied deutlich spürbar: Es ist, als würde das Haus leben, zu mir sprechen. Es knarzt und scheint in seiner Schieflage dennoch standfest den Jahreszeiten zu trotzen. Unser Haupthaus wurde in den 50er Jahren errichtet, das Gästehaus dagegen ist schon über 100 Jahre alt.

25.04.2024

Wenn wir von jeder Jahreszeit das Beste betrachten, dann wird es uns gut gehen. Dann werden wir ein warmes Gefühl im Herzen haben und gestärkt durch das Leben wandeln. Negativität und Herausforderungen können uns nicht so leicht umhauen. Ich bin davon überzeugt, dass die Jahreszeiten für ein Leben im Zyklus bestimmt sind, um uns in den Rhythmus mit der Natur zu bringen und uns zu entschleunigen. So kann die Natur uns bewusst werden lassen, was wirklich im Leben wichtig ist: Uns selbst zu spüren und mit unseren Mitmenschen mitfühlen zu können. Einen Geist in Balance, einen geerdeten Körper und ein lebendiges Herz als Zentrum unseres Seins wahrzunehmen machen einen essentiellen Unterschied spürbar.

Was hat Schweden mit mir gemacht?

Während ich auf der Terrasse am Laptop sitze, die Pferde im Garten grasen, Buddy unter dem Tisch schläft, der Wind sanft durch die Bäume tanzt und mir eine angenehme Sommerbrise ins Gesicht weht, muss ich daran denken, dass die Buchtexte womöglich schwerer geworden sind als gedacht. Ich wollte euch erzählen von unserem Abenteuer der Auswanderung, von einem ungeplanten, wilden Neubeginn, von all meinen Gefühlen während dieser Zeit und habe gar nicht realisiert, wie schwer es sich für euch anfühlen mag. Vielleicht besonders, wenn man beim Griff zum Buch an ein verträumtes Bullerbü-Leben denkt.

Doch wisst ihr, es ist ja auch so. Es ist wunderbar verträumt. Besonders jetzt, in der Sonne sitzend, inmitten der Ruhe meines Waldes, mit den natürlichen Geräuschen von Mutter Natur. Es ist leicht und unbeschwert in dieser Zeit, in der wir Geld verdienen mit

Arbeit, die uns Freude bereitet und die Familie der Mittelpunkt unseres Alltags ist. Die Realität als Ganzes beinhaltet aber auch die schweren Momente. Die, die mich fast depressiv gemacht und unendlich viel Kraft gekostet haben.

Das Leben ist ein auf und ab, ein rauf und wieder runter.

Manchmal fühlt sich alles zu schwer und zu viel an. Genau dann brauchen wir eine Pause, jeder für sich oder gemeinsam. Mein Kämpferherz will weiter produktiv sein, vorankommen und mag diesen Stillstand nicht. Doch es ist wie mit den Jahreszeiten, die mir hier in Schweden so bewusst wurden. Sie sind der Leitfaden der Energie.

Einmal hat eine sehr besondere Frau zu mir gesagt: „Der Muskel wächst im Ruhezustand."

Ich erlaube mir also eine Pause, höre auf meinen Körper, wenn die Migräne anklopft. Ich höre der Natur zu, wenn sie wieder mit minus 20 Grad, Massen an Schnee oder glatten Böden den Alltag beschwerlich und deutlich langsamer macht. Ich nehme mich zurück, wenn die Kinder ihren Raum brauchen. Und währenddessen wachse ich. Mein Körper ruht, meine Seele meditiert und mein Geist wächst. Es ist wie bei den Pflanzen: Sie brauchen Sonne und Regen, um zu wachsen.

Schweden hat mir den nötigen Kick gegeben, um mich selbst zu all dem zu befähigen, um die Hürden des Lebens zu meistern. Es wird nie alles perfekt sein. Ich habe gelernt das Unperfekte und die Herausforderungen zu umarmen. Ich trage so viel Dankbarkeit in meinem Herzen. Heilung ist geschehen und noch mehr Heilung darf geschehen. Heilung für mein Herz und Heilung für dein Herz.

15

Abschließende Worte

Aus Gentleman's Album „Blaue Stunde" (…)

Der Weg, er war hart, doch die Zukunft wird einfach

Der Druck wird noch kleiner

Die Last auf den Schultern wird leichter

Irgendwann sagst du dir: "So gut hat es keiner"

Fühlt ihr das, dann push up your lighter (push up)

Es gibt keinen anderen Weg, um wieder Land zu seh'n

Geh mit Zuversicht nach vorn (yeah, yeah, yeah)

Früher hieß es "Run away", heute "Namaste"

Jeden Morgen neu geboren

Ich kann wieder die Sonne seh'n, another day

Hab' die Hoffnung nie verlor'n

Und seh' mit Vorfreude darauf

Auf all das zurückzuschau'n, yeah

Dies ist eine Vorschau auf mein'n Rückblick

Seh' mich an als Opa mit den Enkeln auf dem Rücksitz

Mit 'ner kleinen Plauze spielen, Boccia bei Opas Geschichten

Singen, Applaus, ich bin ein Rockstar

No, no, no, gar kein Stürm'n und kein Drang

Früher machte mich so wenig happy, heut' ein Sonnenuntergang

Leben so genießbar

Freu' mich darauf, dass der Mann im Spiegel zu mir "Peace" sagt

Songliste

Folgende Musiktitel haben mich bis heute während
unserer Expedition Freiheit begleitet:

Gentleman — Album „Blaue Stunde"

Samy Deluxe — Weck mich auf

Xavier Naidoo — Mut zur Veränderung

Casper — Der Druck steigt

Casper —Endlich Angekommen

Fia —Yes and More Please

Fia — Time for Greatness

Fia — Ancestors

Fia — The Art of Letting Go

Fia — Gentle Heart, Healing Hand

Benson Boone — Beautiful Things

Tash Sultana — Harvest Love

Ison & Fille — Sena nätter, tomma glas

Peia — Blessed We Are

DJ Tons — Always Remember Us This Way

Isaak — Home

Isaak — Postcard

Isaak — Always on the Run

Sia — Courage to Change

Marya Stark —Voice of My Womb

Desiree Dawson — What I Need

Maggie Clifford — Earth My Body

Sault — Wildfires

Danksagungen

Für mich ist der Teil der Danksagungen, sowohl wenn ich ein Buch lese als auch wenn ich einen Film schaue, immer der spannendste. Ich liebe es zu spüren, wie viel Herz und Liebe in den Projekten steckt und besonders, wie die unendliche Dankbarkeit gegenüber allen Mitwirkenden zum Ausdruck gebracht wird. Dankbarkeit ist ein großer Schlüssel zum Glück, davon bin ich überzeugt. Anderen Menschen wohlgesonnen gegenüberzutreten, ihre Unterstützung wahrzunehmen und zu unterstreichen, hilft enorm für ein sanftmütiges Herz und für ein wertschätzendes Miteinander. Danksagungen implizieren Wertschätzung.

Ich schätze dich wert, Chri. Du bist wortwörtlich mein Fels in der Brandung. Deine Treue und deine Verbundenheit zu mir als deine Frau sind wie ein unsichtbares Band, das untrennbar ist. Du hast mit mir eine emotionale Partnerin, deren Herz auf der Zunge liegt. Dein Wille ist stark und meine Vorstellungen groß, sodass es immer mal zu energiegeladenen Gesprächen kommt, die ich, spätestens im Nachhinein, sehr schätze. Denn so bleiben wir uns als Team und uns selbst, als einzelne Menschen, treu. Wir wollen kein Wischiwaschi, kein Larifari. Wir wollen eine echte Verbindung. Wir wollen das Leben spüren, im Innen und im Außen. Und ich bin fest davon überzeugt, dass wir das tun. Jeden Tag aufs Neue. Danke für deine unermüdliche Treue!

Wenn es jemanden gibt, der mich wirklich spüren lässt, dass er an mich glaubt, dann seid ihr es, meine lieben Kinder. Als du, Noam, dich auf den Weg nach Deutschland gemacht hast und zu mir sagtest, dass mein Buch ein Bestseller werden würde, dachte ich, es wäre einer deiner Witze. Doch deine Augen verrieten die Ernsthaftigkeit dahinter. Du beteuertest, wie gut du die bereits gelesenen Kapitel fandest und dass es das bisher beste Buch sei, das du gelesen hast.

Für die Allgemeinheit: Noam ist fast 12 Jahre jung und hat seit sechs Jahren unfassbar viele Bücher gelesen. Er teilt die Leidenschaft des „Bücherwurmdaseins" mit seiner Oma, meiner Mutter. Ich weiß also, dass das wirklich ein echtes und großes Kompliment von deiner Seite ist, und ich nehme es an. Ich nehme es an, weil ich dich liebe und natürlich **wertschätze**. Du und deine Schwester Violetta, ihr seid der Grund, weshalb ich nicht aufgehört habe, groß zu träumen! Ihr seid es, die mich tagtäglich daran erinnern, wie lebenswert jeder Moment ist und wie wertvoll das Durchhalten und Festhalten an Träumen und Visionen ist. So hoffe ich, dass ihr euch, falls ihr mal nicht weiter wisst oder den Mut verloren habt, an meine und somit eure Worte erinnert: Das Leben ist schön! Hört niemals auf, groß zu träumen, und gestaltet es nach euren Wünschen und Visionen!

Mein Plan war es, dieses Buch bereits zum Geburtstag meiner Mutter veröffentlicht zu haben. Als die Deadline nicht einzuhalten war, wollte ich es wenigstens zum Muttertag schaffen. Nun, das Leben ist wild und wir haben inzwischen Hochsommer. Das Buch musste warten, doch soll es dennoch ein Geschenk an dich, meine liebe Mama, sein. Ich möchte dir mit diesem Buch sagen, dass es uns wirklich gut geht. Ich möchte dir meine Dankbarkeit zum Ausdruck bringen, dass du mich bei meinem Kindheitstraum unterstützt hast. Du hast an mich geglaubt, dass ich es schaffen würde, die Pferde selbst zu versorgen. Du hast mir dein vollstes Vertrauen geschenkt und ich weiß, wie schwer es fällt, Verantwortung abzugeben. Malina bei mir zu haben, ist ein wenig so, als wärst du bei mir. So sind wir niemals getrennt, trotz 1200 Kilometern zwischen uns. Und auch wenn die Pferde irgendwann diese Erde verlassen, so leben ihre Seelen weiter. Wir sind ein Team. Du, ich, Malina und Annabell, bis in die Ewigkeit.

Ich möchte unseren Freunden danken, die uns bereits mindestens einmal in Schweden besucht haben: Lisa & Andi mit Moritz (und Carlo), unserem treuen Freund Grusi und meiner lieben Cousine Miri mit Niklas und Laurin. Gordon, der mit dem Bike aus Deutschland bis hoch zu uns kam, Axel und Ida mit Molly aus Süddeutschland, Olli mit seinen zwei Wolfshunden Ayashi und Fala, unseren Pferdemenschen Sarah, Rabea und Carsten und Wonderwoman Susi. Auch kamen Michi und seine Familie auf einen Kurztrip vorbei und Chris Jungs Grusi, Olli, Fledi, Andi, Studi und Gordon haben ein Winter-Crash-Wochenende zu seinem 40. Geburtstag mitgemacht.

Besonders großer Dank an meinen Papa und Alex mit Lucky, die trotz Abneigung gegenüber dem kalten Norden sich immer wieder auf den Weg zu uns machen und uns tatkräftig im Alltag unterstützen. Genauso großartig ist der Einsatz meiner Schwiegermutter Sabine und natürlich meiner Mama, die immer wieder aufs Neue die langen Reisen auf sich nehmen. Wir bekamen auch regelmäßig Post und Geschenke von unseren Liebsten wie Oma Maria, Oma Irmgard, Tante Medi, Familie Schmale und vielen mehr!

Ein ganz großes Dankeschön geht an Conny, die das Lektorat übernommen hat. Ich bin super dankbar und weiß noch gar nicht, wie ich deinen Einsatz am besten honorieren kann. Es ist für mich auch etwas Besonderes, dass gerade du, als langjährige Freundin der Familie, nun mein Buch als Erste gelesen hast. Das macht es umso besonderer!

Auch meinen Liebsten in der Heimat, Chan und Vivi, möchte ich von Herzen danken. Wenngleich wir uns noch nicht in Schweden getroffen haben, sind unsere Herzen stets verbunden.

Und wenn du, liebe Oma Maria, diese Zeilen lesen wirst, dann wünsche ich mir, dass es dir gut geht. Viel zu früh musste ich Abschied nehmen von meiner Oma Marianne, und so fürchte ich mich vor dem Tag, an dem ein Besuch in St. Vit ohne dein fröhliches Lachen stattfinden könnte. Doch ich weiß, dass wir uns alle wiedersehen werden. Ich bin stolz, mich deine Enkeltochter nennen zu dürfen! Ich bewundere deine Lebenskraft, deinen Sanftmut und deine Fröhlichkeit. An jedem Tag in meinem Garten muss ich an dich denken.

So möchte ich sagen, dass ich so vielen Menschen in meinem Umfeld dankbar bin. Ich wurde ermutigt und gestärkt, meinem Herzen zu folgen. Jedes einzelne Wort von meinen Unterstützern hat dazu beigetragen, dass dieses Projekt Realität wurde. Besuche und Post aus der Heimat zu erhalten, trägt enorm zur mentalen Gesundheit bei! DANKE für eure Unterstützung!
Last but not least:
Ein herzliches Dankeschön an all meine Follower und Unterstützer auf Social Media! Eure Nachrichten, Kommentare und Likes haben mir Motivation gegeben, dieses Buch zu veröffentlichen.
Eure kontinuierliche Unterstützung und Ermutigung haben mir sehr geholfen, an mich selbst und meine Vision zu glauben.
Danke, dass ihr ein Teil dieser Reise seid!

Menschen unterstützen Menschen

Mari

Mari Vaidla ist passionierte Gerberin und absolut begabt in ihrem Handwerk. Sie gerbt nicht nur das Leder und die Felle, sondern sie verarbeitet sie weiter zu Schmuckstücken, Kleidung, Taschen und vielem mehr. Ihrer Kreativität sind keine Grenzen gesetzt. Mit viel Fleiß, Willenskraft und Ausdauer hat sie sich dieses Business selbst aufgebaut und weit über dem nötigen Knowhow Wissen angeeignet. Ihre Kreationen sind einmalig und mit einem speziellen Flair, den ich hier gar nicht so gut beschreiben kann. Meldet euch bei ihr und erzählt eure Wünsche und Vorstellungen. Ich bin mir sicher, sie wird euch ein neues Lieblingsstück erschaffen oder das perfekte Geschenk zum Weitergeben!

Kontakt: www.instagram.com/lost.frog
Webpage: www.lost-frog.com

Götz

Götz schmiedet im tiefen Wald Mittelschwedens. Er schmiedet wie kein anderer. Seine internationalen Kunden schätzen sein Handwerk und müssen mit Wartezeiten rechnen, denn er ist seit Jahren über Monate ausgebucht. Sein Spezialgebiet ist die Wikinger - Ära, Waffen und Schmuckstücke aus der alten Zeit.
Mit Mari lebt er auf einer kleinen Selbstversorgerfarm im Einklang mit der Natur. Er ist ein weltoffener und fleißiger Mensch, der nie müde wird, Neues zu erschaffen!

Kontakt: https://www.instagram.com/gotz.ironworks/
              https://www.facebook.com/GotzIronworks

Carolin

Carolin ist mit ihrer Familie ebenfalls nach Schweden ausgewandert und kreiert zauberhafte Einblicke auf YouTube und Instagram. Bei ihr findet ihr jede Menge Infos rund um das Entdecken und Erleben Schwedens, besonders im Stockholmer Archipel.

Kontakt: https://www.youtube.com/@weinsweden
https://www.instagram.com/we.in.sweden/

Ivo

Ivo ist der Familienvater unserer ersten deutschen Freunde in Schweden. Auf seinem YouTube-Kanal gibt es einen umfangreichen Einblick in das schwedische System, wichtige Tipps rund ums Auswandern und auch das Interview zu unserem Pferdetransport.

Das Video: https://youtube.com/watch?v=REEoltv0wAQ
YT - Kanal: https://www.youtube.com/@FreiheitslebeninSchweden

Chris

Chris gehört mit seiner Familie ebenfalls zu den deutschen Auswanderern in Schweden und hat sich hier eine Selbstständigkeit als Handwerker aufgebaut. Wenn ihr also auf der Suche nach Unterstützung bei Renovierungs- und Bauarbeiten rund um Svartå seid, findet ihr bei ihm zwei helfende Hände.

Kontakt: https://www.instagram.com/hantverkeriet_svarta/
https://www.hantverkerietsvarta.se/

Unsere Arbeit

Ich arbeite als Hebamme in Schweden und begleite Hausgeburten, um werdenden Eltern bei einer sicheren und selbstbestimmten Geburtserfahrung zu unterstützen. Alternativ stehe ich auch als Doula zur Verfügung und unterstütze Familien in der Klinik. Meine Leidenschaft für das Schreiben habe ich in Guidebooks umgesetzt, die ihr in meinem Online-Shop finden könnt.

Ein weiterer Teil meiner Arbeit ist die Leidenschaft zu den Frischeprodukten von Ringana. Diese Partnerschaft hat mein Mindset und mein Freiheitsleben um ein hohes Maß bereichert. Ihr könnt die Produkte in meinem Shop erwerben oder auch als Partner in mein Team eintreten. Ich freue mich auf Wachstum und darauf, gemeinsam Träume und Visionen zu verwirklichen.
Natürlichkeit und Frischequalität sind für alle unsere Familienmitglieder wichtig. Während wir uns mit Ringana-Frischekosmetik pflegen und die natürlichen Supplements einnehmen, erhalten unser Hund Buddy und unsere Katze Mauzi höchstes Qualitätsfutter von Anifit. Für Ernährungsberatung und weitere Fragen steht euch Christian mit Rat und Tat zur Seite.

Ganz gleich, wo auf der Welt ihr euch befindet oder welchen Job ihr ausübt – unsere Angebote stehen euch offen für ein Leben in Unabhängigkeit. Gerne begleiten wir weitere Menschen auf ihrem Weg zu einem Leben in Fülle, Freude, Frieden und Freiheit!
Hebammerei: www.birthsite.net
Ringana: https://annadellanna.ringana.com/
Anifit: https://www.premiumfleischfutter.de/

Meine Freundschaft zum Illustrator

Andreas Wotsch

Wir trafen uns das erste Mal in der altbekannten Discothek „Box" in Minden. Er war Teil der Clique meines Mannes, mit dem ich damals sehr frisch zusammengekommen war. Ich fühlte mich unwohl, so wie es manchmal ist, wenn man neu in eine Gruppe kommt. Die Männer waren keineswegs unfreundlich, aber von allen war mir Andi besonders freundlich zugewandt. Er strahlte eine angenehme Wärme aus und bewies direkt viel Humor.

Christians Freunde sind wie Familie. Sie kennen sich schon aus der Jugend und haben all die Jahre zusammengehalten. Ich spürte, dass sie mich als seine Freundin genauso mit schützen würden, wie den Kern der Truppe, das war von nun an Ehrensache. Die Kraft der Gemeinschaft ist mir in dieser Zeit sehr bewusst geworden.

Zu Andi entstand ein besonderes Band. Er kam mit Lisa zusammen und wir vier wurden zu engen Freunden. Bis heute wissen wir, dass auf unsere Konstellation Verlass ist. Während Chri und Li eine ähnliche Rationalität und logische Denke teilten, reagierten Andi und ich auf emotionaler Ebene gleich. Wir waren die Vielfühler, philosophisch angehauchten Erzähler und Tiefgang-Gesprächeführer. Schon früh fiel mir auf, wie bezaubernd ich seine Wortwahl und Texte fand, wenngleich er oft sehr lang zur Ausformulierung brauchte. Doch genau das zeichnet ihn aus: Die Tiefe der Gefühle. Bei Andi gibt es kein Wischiwaschi. Er zeigt sich verletzlich und lädt auf eine Reise durch seine Gedanken ein.

Mit Lisa und Andi teilten wir unter anderem das Leid während der Covid-Zeit. Wir trafen uns auch nach der Ausgangssperre, ließen uns nicht unterbuttern. Wir hielten das Fähnchen hoch, wenn auch im

Geheimen, denn jeder von uns bangte um die Zukunft unserer Kinder. Keiner wollte angeschwärzt oder angezeigt werden.

Die Auswanderung nach Schweden traf uns alle tief.

Sie schenkten uns ein Erinnerungsalbum, welches Andi mit Fotos beklebte, Texten füllte und Zeichnungen schmückte. Ich konnte monatelang nicht hineinschauen. Der Abschied und die Distanz schmerzten zu sehr. Doch wie es mit guten Freunden ist, spielt die Entfernung keine Rolle. Die Liebe und die Verbundenheit bleiben bestehen. Jedes Mal, wenn wir uns wiedersehen, ist es so, als wäre es erst gestern gewesen. Wir sind unglaublich dankbar, Lisa und Andi in unserem Leben zu haben und können nur betonen, wie wertvoll echte Freundschaften sind. Kein anderer als Andi hätte besser gepasst, Teil dieses Buches zu werden. Es ist mir eine große Ehre, seine Zeichnungen auf meinen Seiten publizieren zu dürfen. Er spiegelt meine durchlebten Gefühle und unser Leben in Schweden authentisch in seinen Werken wieder. Kein Dank ist groß genug, um ihm die verdiente Anerkennung seiner Arbeit zu geben.

Ein weiteres, nicht weniger gewichtiges Danke geht an Lisa, meine liebe Freundin. Sie verzichtete auf die ohnehin schon so begrenzte private Zeit mit ihrem Mann inmitten eines Umzuges und extremen Arbeitsaufkommens, um ihm Zeit für das Zeichnen freizuhalten. Sie sind Teil dieses Projektes und ich wünsche mir, dass sie gesehen werden. Seht sie und nehmt sie als Beispiel für eure Freunde, die euch den Rücken freihalten oder in schweren Zeiten stärken. Dankbarkeit, welches mein Herz erfüllt, soll auch für euch sichtbar und spürbar werden, auf das sie sich vermehrt.

Wenn ihr Interesse an Buchungen für persönliche Illustrationen von Andi habt, kontaktiert ihn gern über seine E-Mail:

a.wotsch@outlook.de

Über die Autorin

Anna Lena Dell'Anna, gebürtig aus Rheda-Wiedenbrück, 1991 geborene Schem, wagte den Sprung von Deutschland nach Schweden, hauptsächlich um der erdrückenden Corona-Politik zu entkommen. So kam es, dass sie sich ein Leben nach ihren eigenen Vorstellungen gestaltete. Auf einem kleinen Hof am Waldrand in Mittelschweden, umgeben von ihren zwei Pferden, ihrem Hund, einer Katze und einigen Hühnern, lebt sie nun mit ihrer Familie.

Hauptberuflich ist Anna leidenschaftliche Hebamme und begleitet Frauen in Schweden während der Schwangerschaft, Geburt und im Wochenbett. Ihre Expertise teilt sie nicht nur lokal, sondern auch online durch den Verkauf von eBooks rund um Mutterschaft und Geburt. Dabei steht sie Frauen mit Rat und Tat zur Seite und schafft einen Raum für eine positive und selbstermächtigte Geburtserfahrung.

Schon als Kind hegte Anna eine Liebe zum Schreiben und zum Träumen. In ihrem Buch gibt sie Einblicke in ihre eigenen Erfahrungen, Gedanken und Abenteuer. Von der Entscheidung zur Auswanderung bis zu den Herausforderungen und Freuden des Landlebens im rauen Norden erzählt sie ihre Geschichte. Dabei verwebt sie ihre Begeisterung für Pferde, die Natur und ihre berufliche Leidenschaft zu einem persönlichen Erzählstrang.

„Expedition Freiheit" ist nicht nur Annas Geschichte, sondern auch eine inspirierende Reise für alle, die den Mut haben, ihren eigenen Träumen zu folgen und das Leben in vollen Zügen zu genießen.
Tauche ein in die Welt einer Familie, die ihre Leidenschaften vereint und einen herausfordernden Alltag in Schweden lebt.